Objetivo:

Galleta perfecta

Alma Obregón

¿Qué es CLIC2C® ?

Es una tecnología que permite añadir contenidos multimedia a las páginas de un libro. Algunas imágenes se codifican con una marca de agua que se asocia a contenido interactivo: videos, textos, imágenes, etc. Solo necesitas un teléfono móvil, buscar el icono de la "cibergalleta" y comenzar a descargarte las sorpresas que Alma ha preparado para ti.

¿Cómo funciona ?

1. CLIC2C®
Descarga la aplicación gratis visitando con tu móvil **m.clic2c.com** o a través de los principales *stores*.

2. Busca entre las páginas del libro las imágenes interactivas indicadas con este logotipo.

T TAXXXX

3. Abre la aplicación, coloca el móvil paralelo a unos 12cm de la imagen y espera unos segundos.

También puedes usar TEXT2C® escribiendo y enviando la palabra clave que esté en la imagen.

4. ¡Disfruta del contenido interactivo!

Objetivo:
Galleta
perfecta

Alma Obregón

EL PAIS
AGUILAR

Objetivo: Galleta perfecta

© 2014, para la presente edición:
Santillana Ediciones Generales, S.L.
Avenida de los Artesanos 6,
28760, Tres Cantos, Madrid
Tel. 91 744 90 60. Fax 91 744 90 93
www.elpaisaguilar.es

Coordinación editorial: Diana Acero Martínez
Edición: Conbuenaletra

Dirección técnica y de diseño: Víctor Benayas
Coordinación técnica: Victoria Reyes
Diseño: Beatriz Rodríguez
Maquetación: M. García y J. Sánchez

Fotografías de la autora: © 2014, Luana Fischer
Maquillaje y peluquería: Cruz Puente
Estilismo: Marce Martínez Bernales

Interactividad Clic2C®: AquaMobile
Dirección de videos: Eduardo Garteizgogeascoa

Primera edición, marzo 2014

ISBN: 978-84-03-51297-9
Depósito legal: M-3725-2014

Impreso y encuadernado en España - *Printed and bounded in Spain*

Notas generales para todas las recetas, salvo que se indique lo contrario:

- El horno se precalienta a 180 °C, con calor arriba y abajo, o a 160 °C, si es un horno con ventilador. Si estás usando gas, el equivalente es el número 3 o 4, según la marca del horno.
- Sigue con atención todas las instrucciones de la receta, sobre todo las que se refieren a tiempos de espera entre los diferentes pasos. Saltarse estos tiempos puede suponer que la receta no salga.
- Pesa bien todos los ingredientes y asegúrate de que se encuentran a temperatura ambiente (salvo que se indique lo contrario).
- La glasa se seca muy rápido, acuérdate de mantener las boquillas tapadas para que no se seque.
- La mejor forma de conservar las galletas es en una caja de lata. En el caso de las galletas decoradas, yo suelo apostar por las bolsitas de celofán atadas por un lacito.
- Las galletas están más ricas cuando las comes recién hechas. Si no vas a comerlas antes de una semana, es mejor que congeles la masa y las hornees otro día.

A mis padres, como ya va siendo tradición.
Os quiero.

Contenidos:

Introducción:

Durante mucho tiempo he pensado que si hubiera que definirme en dos palabras, lo correcto sería llamarme "Cookie Monster". Sí, soy el monstruo de las galletas. Me encantan en todas sus formas: decoradas, sin decorar, rellenas, crujientes, blanditas, dulces, saladas... Las he comido en el desayuno, en la merienda, en la cena... ¡incluso como plato central de una comida! Para que te hagas una idea, día tras día durante 18 años, siempre desayuné un vaso de leche con cacao con un montón de galletas maría. Como puedes imaginar, escribir este libro es lo mejor que me ha pasado.

De las galletas, lo que más me gusta, aparte de su sabor, es su versatilidad. En su versión decorada son perfectas para regalar en ocasiones especiales, como recuerdo de un bautizo o detalle en una boda. En su versión cookie son el capricho perfecto para esos días en los que se necesita un dulce para matar el gusanillo, o las penas... Pero lo mejor es que también pueden constituir un aperitivo sano, un desayuno delicioso, el acompañamiento perfecto para una buena taza de té, el plato central de una agradable merienda, ¡o hasta la decoración de nuestro árbol de Navidad!

Espero que disfrutes muchísimo con este libro y que te sirva para encontrar las recetas adecuadas para ese momento perfecto. Ese momento en el que necesites saborear unas buenas galletas. Y que, como yo, siempre te comas dos como mínimo porque, total, por una galleta más...

Alma

Ingredientes

1. Harina: La más indicada es la harina "floja" de repostería (8-9% de proteína). Eso sí, es importante no confundirla con la harina "bizcochona" que lleva el impulsor incorporado, ya que esto haría que las proporciones de levadura o bicarbonato especificadas en este libro dejen de tener validez.

2. ¿Levadura química o bicarbonato de soda?: Ambos son impulsores. Según el tipo de galleta llevarán un tipo, otro o ninguno; sin embargo, aunque pudiera parecerlo, no son intercambiables. La levadura está formada por un componente ácido y otro básico. El bicarbonato no contiene el componente ácido, por lo que siempre se incorpora en combinación con un ácido. Por cierto: cuidado con excederse con el bicarbonato o dejará un regusto químico en las galletas.

3. Mantequilla: Todas las recetas de este libro necesitan mantequilla sin sal. No sirven mantequillas "fáciles de untar" o "light". Para conseguir que esté a temperatura ambiente, sácala de la nevera al menos 2 horas antes de hornear.

4. Huevos: Todas las recetas llevan huevos camperos tamaño M.

5. Azúcar: Es importante que intentes respetar el tipo de azúcar especificado en las recetas, ya que el azúcar no solo afecta al color sino al sabor y también a la textura resultante. Mi azúcar favorito para las cookies es el azúcar moreno de caña integral porque es muy fino.

6. La vainilla: Unas veces uso vainilla en pasta y otras en extracto: son equivalentes, salvo por el aroma. El del extracto es artificial y menos intenso. Ante la duda, puedes comprar la vainilla en rama y aprovechar todas sus semillas.

7. El polvo de merengue: Es mi ingrediente favorito para lograr una glasa deliciosa y brillante. En su lugar puedes usar claras en polvo, claras pasteurizadas o incluso un preparado. Eso sí, nunca prepararemos glasa con claras de huevo frescas ya que corremos el riesgo de contagiarnos de salmonella. También puedes comprar un preparado para glasa real, que solo necesita añadir agua.

Herramientas

1. Bandeja de horno: Es la herramienta fundamental para realizar galletas. Te recomiendo que te hagas con dos para así poder alternarlas al hornear. Lo ideal es hornear una bandeja cada vez, pero si tienes prisa puedes intentar hornear dos bandejas. Ten en cuenta que tendrás que intercambiarlas a mitad de horneado y que los resultados serán más irregulares.

2. Silicona antiadherente: Para un mejor resultado, cubre tu bandeja con un papel de horno o con una lámina de silicona antiadherente. De esta forma evitarás que tus galletas se peguen a la bandeja.

3. Rodillo: Muchas de las galletas del libro requieren que la masa se estire con un rodillo. Puedes usar uno del material que prefieras.

4. Cuchara de helados pequeña: Es una herramienta muy útil para que todas las cookies tengan el mismo tamaño. La mía tiene un diámetro de 39 mm, lo que implica una capacidad de dos cucharadas de masa.

5. Cortadores: Los hay de miles de formas y tamaños. Los más resistentes son los de cobre, pero son bastante caros. Los de metal y plástico son muy útiles y más asequibles. Cuidado con meter en el lavavajillas los metálicos y los de cobre porque se pueden estropear. Lo mejor es lavarlos con agua jabonosa y secarlos bien acto seguido.

6. Cucharas medidoras: Son imprescindibles para asegurarnos de que añadimos las cantidades correctas. La cucharadita tiene una capacidad de 5 ml y la cucharada de 15 ml.

7. Tablillas niveladoras: Son dos guías de plástico que te ayudarán a dar el mismo grosor a tus galletas. Sólo tienes que situarlas al lado de la masa cuando pases el rodillo.

8. Manga pastelera, adaptador y boquillas: En el caso de las galletas decoradas usaremos mucho la manga pastelera, dotada de un adaptador, y las boquillas redondas de los números 1 y 3.

9. Biberones: Son muy útiles para trabajar con la glasa de relleno. Los puedes encontrar en cualquier tienda de repostería y también en las de accesorios de cocina. Los biberones de salsas también sirven para este fin.

10. Plantillas: Sirven para decorar galletas usando colorantes en polvo (sobre fondant) o glasa (sobre fondant o glasa) mediante la técnica del estarcido.

11. Rodillos de texturas y texturizadores: Con ellos podemos dotar de diferentes texturas al fondant de las galletas.

Técnicas básicas

Preparar cookies Batimos los ingredientes de acuerdo con la receta. Refrigeramos el bol con la masa durante el tiempo indicado en la misma. Pasado ese tiempo, preparamos dos bandejas con papel de horno. Tomamos porciones de masa (unas dos cucharadas de masa cada vez, que es el equivalente a una porción de masa echada con una cuchara de helado de 39 mm). Hacemos bolas y las colocamos espaciadas sobre la bandeja, aplastándolas un poquito. Horneamos a 180 °C durante el tiempo indicado en la receta. Dejamos templar sobre la bandeja durante 10-15 minutos y luego las pasamos a una rejilla.

Preparar galletas para decorar con glasa o fondant
Para lograr los mejores resultados, tras preparar la masa (ver receta de la página 22), la estiramos entre dos papeles de horno hasta lograr un grosor uniforme. También puedes espolvorear la mesa con harina y estirarla sobre ella. Para lograr el mismo grosor en toda la masa yo uso dos guías de plástico que miden 0,4 cm de ancho.
A continuación, cortamos la masa usando los cortadores. Si antes de empezar a cortar vemos que la masa está blanda, la refrigeraremos 10 minutos en el congelador. Es fundamental que la masa esté fría cuando la cortamos. Una vez cortadas las galletas, las trasladamos a la bandeja de horno y las refrigeramos durante una hora y media (o las congelamos durante al menos 20 minutos). Después las horneamos 10-12 minutos a 180 °C, o hasta que los bordes comiencen a dorarse. Tras el horneado, las dejamos enfriar en la bandeja hasta que estén templadas (si intentáis moverlas en caliente se romperán) y después por completo sobre una rejilla.

Decorar con glasa

Receta de la glasa:

500 g de azúcar glas
3 cucharadas de merengue en polvo
6 cucharadas de agua

Para la glasa de delineado: tamizamos 500 g de azúcar glas con el merengue en polvo. Lo colocamos en el bol de la batidora e incorporamos el agua. Batimos durante 5-7 minutos a velocidad baja, hasta que la mezcla esté blanca, brillante y con una textura similar a la de la pasta de dientes. También podéis usar claras pasteurizadas para preparar la glasa, en una proporción de 200 g de azúcar glas por cada clara.

Para la glasa de relleno: incorporamos más agua a la receta anterior, cucharada a cucharada, hasta obtener una mezcla más líquida. Para saber en qué punto está lista, cogemos una cucharada de glasa y la echamos sobre el resto. Cuando el tiempo que tarde en desaparecer el rastro sea de 6-7 segundos, es que está lista. Si tarda más, añadiremos más agua. Si tarda menos, lo compensaremos incorporando un poquito de azúcar glas.

15

El delineado con glasa: para delinear las galletas usaremos la manga pastelera con una boquilla redonda del número 3. Cuando delineamos las galletas, lo que estamos creando es una especie de barrera para que la glasa de relleno no se desborde por los laterales. Empezaremos a apretar donde queramos comenzar a delinear, con la manga a unos 45° con respecto a la galleta.

Presionamos de forma constante mientras movemos la manga siguiendo el perfil que queremos delinear. Lo más importante es levantar bien la boquilla respecto de la galleta, al menos 0,5 cm. Si arrastras la punta por el borde de la galleta, el delineado será plano e irregular.

Cuando queramos terminar de delinear, solo hay que dejar de presionar la manga y posar de nuevo la punta de la boquilla en la galleta. Permitimos que la glasa se seque durante unos minutos antes de rellenar las galletas.

El relleno con glasa: al rellenar las galletas lo que tenemos que hacer es asegurarnos de que no nos quede ningún hueco sin rellenar. Hay que aplicar la suficiente glasa como para que nos quede un relleno "gordito" pero sin pasarnos, o se desbordarán. Si queda alguna burbujita, la podemos pinchar con un palillo antes de que se seque.

*Truco: Si vamos a rellenar la galleta con un color diferente al del delineado, es conveniente dejar secar el delineado por completo o corremos el riesgo de que los colores se mezclen.

Decoraciones con la técnica mojado sobre mojado

Lunares: si queremos decorar las galletas con lunares, nada más rellenarlas con glasa dejaremos caer gotas de glasa de relleno de otro color. Es importante ser rápido, para que los lunares se integren en lo que ya habíamos rellenado.

Corazones: para hacer corazones haremos lunares y, a continuación, los atravesaremos de arriba a abajo con un palillo.

Espiga: para lograr este efecto rellenamos la galleta con líneas paralelas en diferentes colores. Después, con un palillo, atravesamos la galleta en perpendicular a las líneas, primero en un sentido y luego en otro. Es importante trabajar rápido o la galleta se secará antes de que terminemos la decoración.

Los detalles

Hay que dejar que las galletas se sequen completamente antes de poner los detalles. Incluso puede ser recomendable esperar de un día para otro. Para añadir los detalles usamos glasa de delineado con una boquilla del 2, o más fina, si queremos detalles más finitos.

Bolitas: para lograr este efecto colocamos la manga con una boquilla redonda a 45° respecto de la galleta, y apretamos un poquito hasta lograr una bolita. Después quitamos la presión y desplazamos un poquito la manga. De nuevo, apretamos y desplazamos, sucesivamente hasta lograr una hilera de bolitas.

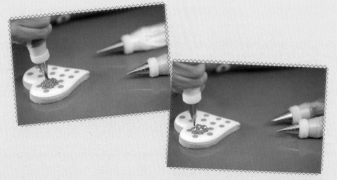

Florecitas: para hacer florecitas colocamos la manga con una boquilla de estrella (n° 14 o 16) perpendicular a la galleta, rozándola, y apretaremos hasta lograr una estrellita. El centro podemos decorarlo con un puntito de glasa de otro color usando una boquilla redonda.

Conchas: para lograr este efecto colocamos la manga con una boquilla de estrella (n° 14 o 16) a 45° respecto a la galleta y apretamos un poquito hasta lograr una concha. Después, quitamos la presión y desplazamos un poquito la manga. De nuevo apretamos y desplazamos, sucesivamente, hasta lograr una hilera de conchas.

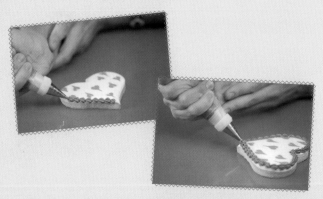

Decorar con fondant

Hemos de extender el fondant deseado sobre una superficie antiadherente (si se nos pega, usaremos un poquito de maicena para evitarlo). Lo cortaremos empleando el mismo cortador que habíamos usado para cortar la galleta. Luego lo pegamos a la galleta usando un poquito de pegamento comestible o sirope de maíz.

Preparar brownies y blondies

Precalentamos el horno a 180 °C. Preparamos un molde de 27 x 17,5 cm que forramos con papel de aluminio y, después, lo rociamos con espray antiadherente. Preparamos el *brownie* de acuerdo a la receta. Cuando la masa sea homogénea, la vertemos en el molde y horneamos unos 25-30 minutos o hasta que al pinchar el centro salga con unas pocas migas.

Preparar whoopie pies

Precalentamos el horno a 180 °C y preparamos dos bandejas de horno con papel vegetal. Preparamos la masa de acuerdo a la receta. Repartimos porciones de masa (yo uso la cuchara de helado de 39 mm) bien espaciadas en las bandejas. Horneamos 12 minutos o hasta que los bizcochitos hayan subido y se noten esponjosos al tacto. Los dejamos templar en la bandeja y, después, que se enfríen por completo sobre una rejilla. Mientras se enfrían preparamos el relleno. Usamos la manga pastelera para rellenar.

Las clásicas

Estas galletas son un básico que nunca falla. Si no sabes qué hornear, las de mantequilla gustan a todo el mundo. Puedes decorarlas con glasa, chocolate derretido, o servirlas sencillamente espolvoreadas con un poco de azúcar vainillado.

Mantequilla

Batimos la mantequilla con el azúcar hasta que estén integrados y la mezcla sea muy cremosa. Incorporamos el huevo y la vainilla y batimos de nuevo. Tamizamos la harina y la añadimos al bol de la mantequilla, batiendo a la velocidad mínima.

Estiramos la masa entre dos papeles de horno, hasta lograr un grosor uniforme. Refrigeramos durante 10-15 minutos, hasta que esté bien firme. A continuación, cortamos la masa usando los cortadores elegidos, yo he usado unos en forma de blonda. Precalentamos el horno a 180 °C, con calor arriba y abajo. Una vez cortadas las galletas, las trasladamos a la bandeja de horno y las refrigeramos durante media hora, y las espolvoreamos con azúcar vainillado. Después, las horneamos 10-12 minutos a 180 °C, o hasta que los bordes comiencen a dorarse.

Tras el horneado las dejaremos enfriar en la bandeja hasta que estén templadas (si intentáis moverlas en caliente se romperán), y después, por completo sobre una rejilla.

Ingredientes para unas 26 galletas medianas:

- 250 g de mantequilla fría, cortada en trocitos
- 250 g de azúcar blanco
- 1 huevo
- 500 g de harina
- 2 cucharaditas de vainilla en pasta
- Azúcar vainillado, para espolvorear (opcional)

Maravillosas, simplemente maravillosas. Si te sientes muy culpable después de comértelas todas, piensa que, al menos, llevan verdura... y la verdura es muy sana, ¿no?

Tarta de zanahoria

En un bol, mezclamos la zanahoria con las nueces, las pasas, la avena y el coco, si lo vamos a usar, y reservamos. Batimos la mantequilla con los dos tipos de azúcar hasta que estén integrados y la mezcla sea muy cremosa. Incorporamos el huevo y batimos de nuevo. Tamizamos la harina, la levadura, el bicarbonato y la canela. Los añadimos al bol de la mantequilla, batiendo a la velocidad mínima. Cuando la masa sea homogénea, incorporamos la mezcla de zanahoria. Refrigeramos el bol durante 1 hora como mínimo.

Precalentamos el horno a 180 °C, con calor arriba y abajo. Pasado ese tiempo, preparamos dos bandejas de horno con papel de horno. Tomamos porciones de la masa, unas dos cucharadas, y hacemos bolas que colocamos espaciadas sobre la bandeja, aplastándolas un poquito. Horneamos a 180 °C unos 12 minutos o hasta que se doren. Las dejamos templar en la bandeja y, después, sobre una rejilla para que se enfríen por completo.

Para preparar el relleno, batimos la mantequilla y el azúcar glas a velocidad máxima hasta que se integren. Cuando la mezcla sea blanca y esponjosa, añadimos el queso, que ha de estar frío, y batimos, primero a velocidad baja y luego aumentando la velocidad hasta que la mezcla sea homogénea y cremosa. Usamos la manga para rellenar las galletas.

Ingredientes para 14 galletas:

- 115 g de mantequilla a temperatura ambiente
- 75 g de azúcar de caña integral
- 115 g de azúcar blanco
- 1 huevo
- 150 g de zanahorias peladas y ralladas
- 40 g de nueces peladas y picadas
- 50 g de pasas
- 50 g de copos de avena
- 140 g de harina
- 1/2 cucharadita de levadura química
- 1/2 cucharadita de bicarbonato sódico
- 1 cucharadita de canela en polvo
- 2 cucharadas de coco rallado (opcional)

Relleno:

- 120 g de mantequilla a temperatura ambiente
- 120 g de queso cremoso frío
- 300 g de azúcar glas tamizado

Estas galletas tradicionales escocesas son una delicia. En este caso las he decorado con flores secas comestibles, pero si no las encuentras no te preocupes, también están increíbles adornadas solo con azúcar. La harina de arroz hace que la miga sea aún más ligera.

Shortbread

Precalentamos el horno a 160 °C, con calor arriba y abajo.

Batimos la mantequilla con los dos tipos de azúcar hasta que la mezcla sea cremosa. Añadimos el agua, las harinas tamizadas y dos cucharadas de pétalos de flores secas. Batimos lo justo para que se forme una masa compacta.

Amasamos bien sobre una superficie enharinada, estiramos la masa con el rodillo, cortamos las formas deseadas(yo he usado unos sencillos cortadores circulares) y las colocamos sobre la fuente de horno engrasada o con papel de horno. Espolvoreamos con el resto de las flores comestibles y el azúcar.

Horneamos entre 10-15 minutos según el tamaño y grosor de las galletas. Las dejamos templar 5 minutos y las pasamos a una rejilla para que se enfríen.

Ingredientes para 12 galletas:
- 210 g de mantequilla
- 65 g de azúcar, y un poquito más para decorar
- 2 cucharadas de azúcar de caña integral
- 1/2 cucharada de agua
- 250 g de harina
- 80 g de harina de arroz
- 4 cucharadas de pétalos de flores secas comestibles (opcional)

Mi querida Gemita me trajo hace unos meses una bolsita de canela maravillosa de Cádiz, su tierra. Con esa canela he hecho estas galletas una y otra vez y no creo que me canse jamás.

Snickerdoodles

Precalentamos el horno a 180 °C, con calor arriba y abajo.

Tamizamos la harina con una cucharada de canela y el bicarbonato sódico y reservamos. Batimos la mantequilla con el azúcar de caña y los 120 g de azúcar blanco hasta que estén bien integrados y la mantequilla se aclare. Incorporamos el huevo y batimos de nuevo. Añadimos poco a poco la harina, batiendo a velocidad mínima. Una vez que la masa es homogénea y lisa, la pasamos a un bol y refrigeramos 15-20 minutos.

Después, preparamos dos bandejas con papel de horno. Cogemos un bol y mezclamos la canela sobrante con las dos cucharadas de azúcar. Tomamos porciones de la masa de un tamaño aproximado de dos cucharadas, las amasamos en forma de bolas y las pasamos por el azúcar con canela. A continuación las colocamos espaciadas sobre las bandejas.

Horneamos a 180 °C unos 12 minutos o hasta que las galletas se agrieten por los laterales. Las dejamos templar en la bandeja y después las ponemos sobre una rejilla para que se enfríen por completo.

Ingredientes para 15 unidades:
- 115 g de mantequilla a temperatura ambiente
- 120 g de azúcar blanco, más 2 cucharadas
- 40 g de azúcar de caña integral
- 225 g de harina
- 1/2 cucharadita de bicarbonato sódico
- 1 huevo
- 2 cucharadas de canela

Adoro los alfajores y poder hacerlos en casa es lo mejor que me ha pasado, ¡sobre todo porque así puedo echar el doble de dulce de leche! Este es mi pequeño homenaje a todas las personas que me siguen desde Latinoamérica.

Alfajores

Precalentamos el horno a 180 °C.

Tamizamos la harina con la maicena y la levadura. Reservamos. Batimos la manteca con el azúcar hasta que la mezcla se integre. Incorporamos las yemas, una a una, y finalmente una cucharada de las claras que habíamos separado. Incorporamos la vainilla y luego la harina.

Amasamos hasta que empecemos a tener una masa lisa. La sacamos de la batidora y la compactamos con las palmas de las manos. Espolvoreamos maicena sobre la superficie de trabajo y estiramos la masa con el rodillo, hasta que tenga un grosor de 0'5 centímetros. Si se pega el rodillo, lo espolvoreamos también con un poco de maicena. Cortamos círculos de 4 cm de diámetro y los colocamos sobre una bandeja sin engrasar. Nos saldrán unas 50 mitades.

Horneamos 8-10 minutos, controlando la cocción para que los alfajores no se doren. Los sacamos y, con cuidado y con ayuda de una espátula, los colocamos sobre una rejilla. Es importante hacerlo en caliente para evitar que se queden pegados a la bandeja de horno. Una vez frías, rellenamos las mitades con dulce de leche.

Ingredientes para unos 25 alfajores:
- 200 g de manteca de cerdo o mantequilla pomada
- 160 g de azúcar
- 3 yemas, más 1 cucharada de sus claras
- 225 g de harina
- 275 g de maicena
- 2 cucharaditas de levadura química
- 1 cucharadita de extracto de vainilla
- Dulce de leche

Sencillas, deliciosas, perfectas para acompañar una taza de té. Si tienes un día romántico, puedes realizar el agujerito central en forma de corazón.

Frambuesa

Batimos la mantequilla con el azúcar hasta que estén integrados y la mezcla sea muy cremosa. Incorporamos el huevo y la vainilla y batimos de nuevo.

Tamizamos la harina con la almendra molida y la añadimos al bol de la mantequilla, batiendo a la velocidad mínima. Hacemos una bola y refrigeramos durante 10-15 minutos.

Estiramos la masa entre dos papeles de horno, hasta lograr un grosor uniforme. Refrigeramos durante 10-15 minutos. A continuación la cortamos. Primero cortamos el círculo usando un cortador rizado; después, a la mitad de las galletas, le quitaremos el centro con ayuda de un cortador pequeño de florecita, rombo, corazón... al gusto.

Precalentamos el horno a 180 °C. Una vez cortadas las galletas, las trasladamos a nuestra bandeja de horno y las refrigeraremos durante 30 minutos. A continuación, las hornearemos 10-12 minutos a 180 °C, o hasta que los bordes comiencen a dorarse.

Tras el horneado las dejamos enfriar en la bandeja hasta que estén templadas (si intentáis moverlas en caliente se romperán), y después por completo sobre una rejilla.

Una vez frías, iremos poniendo una cucharadita de mermelada de frambuesa sobre una de las mitades y cerraremos con la otra, presionando un poquito, con cuidado de que no se desborde por los laterales.

Ingredientes para unas 14 galletas medianas:

- 250 g de mantequilla fría, cortada en trocitos
- 250 g de azúcar blanco
- 1 huevo
- 400 g de harina
- 100 g de almendras molidas
- 1 cucharadita de extracto de vainilla
- Mermelada de frambuesa

De pequeña era fan de la muñeca del mismo nombre. Hoy soy fan de este dulce a medio camino entre galleta y bizcocho, perfecto para merendar o para sorprender a las visitas.

Strawberry Shortcake

Precalentamos el horno a 220 °C (200 °C si es con ventilador).

Ponemos la harina, la mantequilla, la levadura y el azúcar en el bol de nuestro robot de cocina y trituramos. También podemos usar un par de cuchillos para triturar la masa. Cuando la mezcla parezca un montón de migas, incorporamos la leche, la vainilla, un huevo y el zumo de limón. Mezclamos un poquito más y la sacamos del bol. Amasamos sobre la encimera, previamente espolvoreada de harina.

Cuando la masa esté elástica y suave, la estiramos con un rodillo hasta que tenga unos 2 cm de grosor y cortamos círculos de 7 cm. Los colocamos sobre dos fuentes engrasadas, bien espaciados, y los pintamos con el otro huevo, batido. Horneamos 10 minutos, hasta que estén dorados y hayan crecido.

*Nota: Una vez fríos, servimos acompañadas de clotted cream o nata montada y fresas (o mermelada de fresas, en su defecto). Es como una galleta grandota, pero más blandita, que se deshace en la boca...

Para unas 8 unidades:
- 350 g de harina normal
- 3 cucharaditas de levadura química
- 100 g de mantequilla fría, en trocitos pequeños
- 100 g de azúcar blanco
- 1 cucharadita de vainilla en pasta
- 100 ml de leche, a temperatura ambiente
- 2 huevos
- 1 cucharadita de zumo de limón

Las galletas favoritas de todos los amantes de la mantequilla de cacahuete. Cuidado, porque si probáis una no vais a poder parar...

Cookies de mantequilla de cacahuete

Precalentamos el horno a 180 °C.

Tamizamos la harina y el bicarbonato y reservamos. Batimos la mantequilla y los azúcares hasta que la mezcla esté integrada y cremosa. Incorporamos la mantequilla de cacahuete, el huevo y la vainilla. Bajamos la velocidad y añadimos la mezcla de harina. Incorporamos los chips de mantequilla de cacahuete. Refrigeramos el bol durante 15-20 minutos.

Pasado ese tiempo, preparamos dos bandejas de horno con papel vegetal. Tomamos porciones de masa, unas dos cucharadas de masa cada vez. Hacemos bolas y las colocamos espaciadas sobre la bandeja, aplastándolas un poquito.

Horneamos a 180 °C unos 13 minutos. Dejamos templar sobre la bandeja durante 10-15 minutos y luego sobre una rejilla.

*Truco: Si queremos que tengan los chips visibles, clavamos unos pocos en la superficie de las bolas antes de hornearlas.

Para 18 galletas:
- 115 g de mantequilla a temperatura ambiente
- 100 g de azúcar de caña integral
- 50 g de azúcar blanco
- 1 huevo
- 200 g de mantequilla de cacahuete
- 1 cucharadita de extracto de vainilla
- 1/4 de cucharadita de bicarbonato sódico
- 140 g de harina
- 100 g de chips de mantequilla de cacahuete

¡Dame chocolate!

Qué puedo decir... ¡Que las hagáis! Desempolvad la batidora, salid a comprar chips de chocolate y poneos manos a la obra. Son simplemente MARAVILLOSAS.

Cookies blanditas con chips de chocolate

Precalentamos el horno a 180 °C.

Batimos la mantequilla con los dos tipos de azúcar hasta que estén integrados y la mezcla sea muy cremosa. Incorporamos el huevo y la vainilla y batimos de nuevo.

Tamizamos la harina y el bicarbonato. Los añadimos al bol de la mantequilla, batiendo a velocidad mínima. Cuando la masa sea homogénea, incorporamos los chips de chocolate y el chocolate en trozos. Refrigeramos el bol durante 15-20 minutos.

Pasado ese tiempo, preparamos dos bandejas de horno con papel vegetal. Tomamos porciones de la masa, unas dos cucharadas cada vez. Hacemos bolas y las colocamos espaciadas sobre la bandeja, aplastándolas un poquito con la palma de la mano. Horneamos a 180 °C unos 12 minutos o hasta que se doren. Las dejamos templar en la bandeja y después que se enfríen por completo sobre una rejilla.

Ingredientes para 24 galletas:
- 150 g de mantequilla
- 100 g de azúcar de caña integral
- 100 g de azúcar blanco
- 1 huevo
- 1 cucharadita de extracto de vainilla
- 1/2 cucharadita de bicarbonato sódico
- 250 g de harina
- 80 g de chips de chocolate negro
- 200 g de chocolate para postres, cortado en trozos pequeños

Por favor, si horneáis estas cookies, traedme unas cuantas. Es más, os pido que dobléis la receta para que me podáis dar a mí al menos una hornada entera... Sí, sí, ríete. No es broma. ¡Estoy hablando MUY en serio!

Cookies doble chocolate

Precalentamos el horno a 180 °C.

Batimos la mantequilla con los dos tipos de azúcar hasta que estén integrados y la mezcla sea muy cremosa. Incorporamos el huevo y la vainilla y batimos de nuevo.

Tamizamos harina, cacao y levadura. Los añadimos al bol de la mantequilla, batiendo a velocidad mínima. Cuando la masa sea homogénea, incorporamos los chips de chocolate y el chocolate en trozos. Refrigeramos el bol durante 15-20 minutos.

Pasado ese tiempo preparamos dos bandejas de horno con papel vegetal. Tomamos porciones de la masa, unas dos cucharadas de masa cada vez. Hacemos bolas y las colocamos espaciadas sobre la bandeja, aplastándolas un poquito.

Horneamos a 180 °C unos 12 minutos o hasta que se doren. Las dejamos templar en la bandeja y después que se enfríen por completo sobre una rejilla.

*Nota: estas galletas están deliciosas templadas, con el chocolate aún semiderretido. Yo solo lo digo...

Ingredientes para 16 galletas:
- 150 g de mantequilla
- 115 g de azúcar de caña integral
- 60 g de azúcar blanco
- 1 huevo
- 1 cucharadita de extracto de vainilla
- 1 cucharadita de levadura química
- 120 g de harina
- 50 g de cacao en polvo sin azúcar
- 80 g de chips de chocolate negro
- 200 g de chocolate para postres, cortado en trozos pequeños

Tras mucho investigar he conseguido una receta cargadita de chocolate blanco. Cómo decirlo... ¡es una locura de chocolate blanco! Y están tan buenas. Taaaan buenas... Ains.

Cookies de chocolate blanco con pacanas

Precalentamos el horno a 180 °C.

Batimos la mantequilla con el azúcar hasta que la mezcla se aclare. Incorporamos el huevo y batimos de nuevo. Añadimos la harina, tamizada con el bicarbonato. Incorporamos los chips de chocolate blanco y las pacanas. Refrigeramos el bol durante 15-20 minutos.

Pasado ese tiempo preparamos dos bandejas de horno con papel vegetal. Tomamos porciones de la masa, unas dos cucharadas de masa cada vez. Hacemos bolas y las colocamos espaciadas sobre la bandeja, aplastándolas un poquito. Colocamos más nueces pacanas por encima, para decorar.

Horneamos a 180 °C unos 8 minutos o hasta que se doren los bordes. Mejor sacarlas poco hechas que muy hechas. Las dejamos templar en la bandeja y después que se enfríen por completo sobre una rejilla.

Para 16 galletas:

- 115 g de mantequilla
- 90 g de azúcar de caña integral
- 130 g de harina
- 1 huevo
- 1/4 de cucharadita de bicarbonato sódico
- 140 g de chips de chocolate blanco
- 100 g de nueces de pecán (pacanas), y algunas extra para decorar

Esta receta nació un día en que no tenía chips de chocolate negro e improvisé con lo que encontré en la despensa. Desde entonces no he parado de hacerlas... ¡Están tan buenas!

Cookies de chocolate, fresa y pistacho

Precalentamos el horno a 180 °C.

Batimos la mantequilla con los dos tipos de azúcar hasta que estén integrados y la mezcla sea muy cremosa. Incorporamos el huevo y la vainilla y batimos de nuevo.

Tamizamos harina, cacao y levadura. Los añadimos al bol de la mantequilla, batiendo a la velocidad mínima. Cuando la masa sea homogénea, incorporamos los pistachos, las fresas y el chocolate en trozos. Refrigeramos el bol durante 15-20 minutos.

Pasado ese tiempo preparamos dos bandejas de horno con papel vegetal. Tomamos porciones de la masa, unas dos cucharadas de masa cada vez. Hacemos bolas y las colocamos espaciadas sobre la bandeja, aplastándolas un poquito. Horneamos a 180 °C unos 12 minutos o hasta que se doren. Las dejamos templar en la bandeja y después que se enfríen por completo sobre una rejilla.

Ingredientes para 18 galletas:
- 150 g de mantequilla
- 115 g de azúcar de caña integral
- 60 g de azúcar blanco
- 1 huevo
- 1 cucharadita de extracto de vainilla
- 1 cucharadita de levadura química
- 120 g de harina
- 50 g de cacao en polvo sin azúcar
- 100 g de fresas deshidratadas, picadas
- 100 g de chocolate para postres, cortado en trozos pequeños
- 50 g de pistachos, pelados

Tras semanas de experimentación, conseguí ajustar esta receta para que el sabor fuera lo más aproximado posible a las Oreo. Cuando Ari las probó y me confirmó que había conseguido el sabor Oreo no pude evitar realizar el baile de la victoria frente al horno. ¡Agita esas caderas, *baby!*

Oreo caseras

En un bol, tamizamos la harina con el cacao y el bicarbonato sódico y reservamos. Batimos la mantequilla con el azúcar hasta que la mezcla sea muy cremosa y se aclare. Añadimos la vainilla y batimos de nuevo. Bajamos la velocidad e incorporamos poco a poco la mezcla de harina y cacao, batiendo a velocidad mínima hasta que se incorpore por completo.

Sacamos la masa de la batidora y la colocamos entre dos papeles de horno. Estiramos con el rodillo hasta que tenga 2 o 3 mm de grosor y la refrigeramos una hora como mínimo. Si vamos a hacer galletas más grandes, podemos dejar la masa más gruesa. Precalentamos el horno a 180 °C. Pasado ese tiempo, preparamos dos bandejas de horno con papel vegetal.

Sacamos la masa de la nevera y cortamos círculos con el cortador de 4 cm de diámetro. Los colocamos sobre la bandeja, espaciados, y horneamos a 180 °C unos 8 minutos o hasta que se agriete un poquito la superficie. Dejamos templar las galletas en la bandeja y después que se enfríen por completo sobre una rejilla.

Para preparar el relleno, tamizamos el azúcar y lo batimos a máxima velocidad con la mantequilla durante al menos 5 minutos o hasta que se vuelva casi blanco. Añadimos la vainilla y batimos 1 minuto más. Rellenamos las galletas con ayuda de la manga pastelera.

Ingredientes para 20 Oreos pequeñas:

- 215 g de mantequilla a temperatura ambiente
- 180 g de azúcar blanco
- 250 g de harina
- 100 g cacao en polvo sin azúcar
- 1/4 de cucharadita de bicarbonato sódico
- 2 cucharaditas de extracto de vainilla

Para el relleno:

- 150 g de mantequilla a temperatura ambiente
- 150 g de azúcar glas
- 2 cucharaditas de extracto de vainilla

Mi madre dijo que estaban de muerte, y si mi madre lo dice no hay más que hablar. Preparad vuestros paladares para unas cookies de lo más sofisticadas. Mmmm... Cointreau®.

Cookies de chocolate con naranja al Cointreau®

Precalentamos el horno a 180 °C.

Batimos la mantequilla con los dos tipos de azúcar hasta que estén integrados y la mezcla sea muy cremosa. Incorporamos el huevo y el Cointreau® y batimos de nuevo. Tamizamos harina, cacao y levadura. Los añadimos al bol de la mantequilla, batiendo a la velocidad mínima. Cuando la masa sea homogénea, incorporamos el chocolate en trozos y las naranjas finamente picadas. Refrigeramos el bol durante 15-20 minutos.

Pasado ese tiempo, preparamos dos bandejas de horno con papel vegetal. Tomamos porciones de la masa, unas dos cucharadas de masa cada vez. Hacemos bolas y las colocamos espaciadas sobre la bandeja, aplastándolas un poquito. Horneamos a 180 °C unos 12 minutos o hasta que se doren. Las dejamos templar en la bandeja y después que se enfríen por completo sobre una rejilla.

Ingredientes para 16 galletas:
- 150 g de mantequilla
- 115 g de azúcar de caña integral
- 60 g de azúcar blanco
- 1 huevo
- 1 cucharadita de levadura química
- 120 g de harina
- 50 g de cacao en polvo sin azúcar
- 100 g de naranjas amargas deshidratadas o de naranja confitada
- 2 buenas cucharadas de Cointreau®
- 200 g de chocolate para postres, cortado en trozos pequeños

Un día leí que la Nutella® era buena para los deportistas. Desde entonces me siento menos culpable cuando hago estas recetas y rebaño el bol enterito.

Chocolate con crema de Nutella®

Precalentamos el horno a 180 °C.

Batimos la mantequilla con el azúcar hasta que la mezcla sea muy cremosa. Incorporamos el huevo y la vainilla y batimos de nuevo. Tamizamos harina, cacao, bicarbonato y levadura. Los añadimos al bol de la mantequilla, batiendo a la velocidad mínima. Cuando la masa sea homogénea, paramos de batir y refrigeramos el bol durante 15-20 minutos.

Pasado ese tiempo, preparamos dos bandejas de horno con papel vegetal. Tomamos porciones de la masa, unas dos cucharadas de masa cada vez. Hacemos bolas y las colocamos espaciadas sobre la bandeja, aplastándolas un poquito.

Horneamos a 180 °C unos 8 o 10 minutos o hasta que comiencen a agrietarse un poquito. Las dejamos templar en la bandeja y, después, que se enfríen por completo sobre una rejilla.

Para preparar la crema, tamizamos el azúcar y lo batimos a máxima velocidad con la mantequilla durante al menos 5 minutos o hasta que se vuelva casi blanco. Añadimos la Nutella® y batimos 1 minuto más. Decoramos las galletas con ayuda de la manga pastelera.

Para unas 14 galletas:

- 115 g de mantequilla a temperatura ambiente
- 250 g de azúcar blanco
- 1 huevo
- 150 g de harina
- 100 g de cacao
- 3/4 cucharadita de bicarbonato sódico
- 1/2 cucharadita de levadura química
- 1 cucharadita de extracto de vainilla

Para la crema:

- 200 g de mantequilla a temperatura ambiente
- 200 g de azúcar glas
- 130 g de Nutella®

Casi galletas

En realidad los *whoopie pies* son pequeños bollitos en forma de sándwich. Por su tamaño, y porque me encantan, creo que no pueden faltar en este libro. Cuidado, el relleno... ¡es adictivo!

Whoopies de chocolate con nubes

Precalentamos el horno a 180 °C y preparamos dos bandejas de horno con papel vegetal.

Tamizamos la harina con el cacao y el bicarbonato y reservamos. Batimos la mantequilla con el azúcar hasta que la mezcla se aclare y sea cremosa. Incorporamos el huevo y la vainilla y batimos de nuevo. Bajamos la velocidad de la batidora y añadimos la mezcla de harina e incorporamos la leche. Repartimos porciones de masa, unas dos cucharadas, bien espaciadas en las bandejas.

Horneamos 12 minutos o hasta que los bizcochitos hayan subido y se noten esponjosos al tacto. Los dejamos templar en la bandeja y, después, que se enfríen por completo sobre una rejilla.

Mientras se enfrían, preparamos el relleno. Batimos la mantequilla con el azúcar hasta que se integre. Una vez que la mezcla es blanca y esponjosa, añadimos la crema de nubes y batimos, aumentando la velocidad hasta que la mezcla sea homogénea y cremosa. Usamos la manga con la boquilla redonda para rellenar las mitades.

Ingredientes para 9 unidades (18 mitades):
- 140 g de harina
- 30 g de cacao
- 1 cucharadita de bicarbonato sódico
- 125 ml de leche
- 75 g de mantequilla
- 1 cucharadita de extracto de vainilla
- 1 huevo
- 100 g de azúcar de caña (panela)

Para el relleno:
- 225 g de crema de nubes (Marshmallow Fluff)
- 225 g de azúcar glas
- 75 g de mantequilla a temperatura ambiente

Los *whoopies* más románticos; son la mejor idea para celebraciones de San Valentín, aniversario, compromiso, boda... En mi caso, los horneo siempre que puedo, pero no para celebrar nada... ¡sino para zampármelos!

Whoopies de Terciopelo rojo

Precalentamos el horno a 180 °C y preparamos dos bandejas de horno con papel vegetal.

En un vaso, mezclamos la leche con el zumo de limón y reservamos. Tamizamos la harina con el cacao y reservamos. Batimos la mantequilla con el azúcar hasta que la mezcla se aclare y sea cremosa. Incorporamos el huevo y la vainilla y batimos de nuevo. Bajamos la velocidad de la batidora y añadimos la mezcla de harina, alternándola con la leche. Finalmente, mezclamos el bicarbonato con el vinagre y echamos esta mezcla burbujeante sobre la masa y removemos bien. Teñimos la masa con el colorante rojo. Repartimos porciones de masa, unas dos cucharadas, bien espaciadas en las bandejas.

Horneamos 12 minutos o hasta que los bizcochos hayan subido y se noten esponjosos al tacto. Los dejamos templar en la bandeja y, después, que se enfríen por completo sobre una rejilla.

Mientras se enfrían, preparamos el relleno. Batimos la mantequilla con el azúcar hasta que se integre. Una vez que la mezcla es blanca y esponjosa, añadimos el queso y batimos, aumentando la velocidad hasta que la mezcla sea homogénea y cremosa. Usamos la manga con la boquilla de estrella para rellenar las mitades.

Para 9 unidades (18 mitades):

- 100 g de mantequilla
- 160 g de azúcar de caña integral
- 1 huevo
- 100 ml de leche
- 1/2 cucharadita de zumo de limón
- 1 cucharadita de extracto de vainilla
- 280 g de harina
- 2 cucharadas de cacao
- 1/2 cucharadita de bicarbonato sódico
- 1 cucharadita de vinagre
- Colorante extra rojo en pasta

Para el relleno:

- 125 g queso de untar
- 300 g de azúcar glas
- 125 g de mantequilla a temperatura ambiente

Si es que deberían dejarme hacer *Objetivo: Whoopie Pie Perfecto*... ¡estoy obsesionada con estos bizcocho-galletas!

Whoopies de vainilla y chocolate

Precalentamos el horno a 180 °C y preparamos dos bandejas de horno con papel vegetal.

Tamizamos la harina con la levadura.Batimos la mantequilla con los dos tipos de azúcar hasta que la mezcla se aclare y sea cremosa. Incorporamos el huevo y la vainilla y batimos de nuevo. Bajamos la velocidad y añadimos la mezcla de harina, alternándola con la leche. Repartimos porciones de masa (unas 2 cucharadas) bien espaciadas en las bandejas.

Horneamos 12 minutos o hasta que los bizcochos hayan subido y se noten esponjosos al tacto. Los dejamos templar en la bandeja y luego en la rejilla hasta que se enfríen por completo.

Para preparar el relleno, calentamos la nata hasta que empiece a hervir. La vertemos sobre el chocolate troceado y removemos hasta que se derrita y la mezcla sea homogénea. Dejamos enfriar hasta que la textura recuerde a la de la crema de cacao y aplicamos con una boquilla redonda.

*Truco: Para conseguir unos whoopies más gorditos, refrigera la masa durante 10 minutos antes de hornearla. ¡Verás la diferencia!

Para 8 unidades (18 mitades):
- 60 g de mantequilla
- 40 g de azúcar de caña integral
- 60 g de azúcar blanco
- 1 huevo
- 60 ml de leche
- 2 cucharaditas de vainilla en pasta
- 160 g de harina
- 1 cucharadita de levadura química

Para el relleno:
- 150 g de nata para montar (mínimo 35% grasa)
- 150 g de chocolate negro

Whoopies de chocolate y menta

Precalentamos el horno a 180 °C y preparamos dos bandejas de horno con papel vegetal.

Tamizamos la harina con el cacao y el bicarbonato. Reservamos. Batimos la mantequilla con el azúcar hasta que la mezcla se aclare y sea cremosa. Incorporamos el huevo y la menta y batimos de nuevo. Bajamos la velocidad de la batidora y añadimos la mezcla de harina. Repartimos porciones de masa (yo uso la cuchara de 39 mm de diámetro que tiene una capacidad de 2 cucharadas) bien espaciadas en las bandejas.

Horneamos 12 minutos o hasta que los bizcochos hayan subido y se noten esponjosos al tacto. Los dejamos templar en la bandeja y, después, que se enfríen por completo sobre una rejilla.

Mientras se enfrían, preparamos el relleno: batimos la mantequilla con el azúcar glas hasta que se integre. Una vez que la mezcla es blanca y esponjosa, añadimos la crema y batimos, aumentando la velocidad hasta que la mezcla sea homogénea y cremosa. Añadimos la menta. Usamos la manga con la boquilla de estrella para rellenar las mitades. Decoramos con *sprinkles* de Navidad o caramelos.

Ingredientes para 10 unidades (20 mitades):
- 140 g de harina
- 30 g de cacao
- 1 cucharadita de bicarbonato sódico
- 125 ml de leche
- 75 g de mantequilla
- 2 cucharaditas de extracto de menta
- 1 huevo
- 100 g de azúcar de caña (panela)

Para el relleno:
- 225 g crema de nubes (Marshmallow Fluff)
- 225 g de azúcar glas
- 75 g de mantequilla a temperatura ambiente
- 3 cucharaditas de extracto de menta

No hagáis esta receta. En serio. No la hagáis. ¡Luego me acusaréis de que os estropeo la dieta! Es simplemente brutal. Apoteósica. Absoluta y chocolateadamente brutal.

Brownie doble chocolate

Forramos con papel de aluminio un molde cuadrado de 24 x 24 cm. Lo rociamos con spray antiadherente. Precalentamos el horno a 180 °C.

Tamizamos el cacao con la harina y reservamos. Derretimos la mantequilla en un cazo. Retiramos del fuego, añadimos los azúcares y removemos bien. Incorporamos los huevos y la vainilla y batimos de nuevo. Incorporamos la mezcla de harina y cacao y removemos hasta que la masa sea homogénea. La vertemos en el molde y horneamos durante 25 minutos. Sacamos del horno y dejamos templar sin desmoldar.

Mientras se templa el *brownie,* troceamos el chocolate y lo ponemos en un bol. A continuación, ponemos a calentar la nata en un cazo. Cuando comience a hervir la echamos sobre el chocolate troceado y removemos hasta que se derrita por completo y la mezcla sea homogénea. La vertemos sobre el *brownie* templado. Echamos unos *sprinkles* por encima y refrigeramos al menos un par de horas o hasta que la *ganache* sea sólida.

Para 16 unidades:

Para el brownie:
- 160 g de mantequilla
- 2 huevos
- 100 g de azúcar blanco
- 150 g de azúcar de caña integral
- 2 cucharaditas de vainilla en pasta
- 70 g de cacao en polvo sin azúcar
- 120 g de harina

Para la ganache:
- 250 g de chocolate negro, con 70% de cacao
- 150 ml de nata de montar
- Decoraciones comestibles de colores

La versión de chocolate blanco del tradicional *brownie...* y en este caso viene cargadita de mantequilla de cacahuete y Lacasitos®

Blondie con Lacasitos®

Preparamos un molde de 27 x 17,5 cm, forrándolo con papel de aluminio y después rociándolo con spray antiadherente. Precalentamos el horno a 180 °C.

Derretimos la mantequilla en un cazo. Retiramos del fuego y añadimos el azúcar. Removemos bien. Incorporamos el huevo, la vainilla y la mantequilla de cacahuete, removiendo tras cada adición. Añadimos la harina, tamizada, y, una vez que tenemos una mezcla homogénea, incorporamos los Lacasitos®, los chips de chocolate blanco y los de mantequilla de cacahuete. Repartimos la masa en el molde. Alisamos la superficie con una espátula y echamos unos cuantos Lacasitos® por la superficie.

Horneamos unos 25 minutos o hasta que al pinchar con un palillo salga limpio o con unas pocas migas. Dejamos enfriar por completo en el molde antes de desmoldar y cortar en cuadrados o rectángulos.

Para 16 blondies:
- 115 g de mantequilla
- 1 huevo
- 160 g de azúcar de caña integral
- 1 cucharadita de extracto de vainilla
- 180 g de mantequilla de cacahuete
- 150 g de harina
- 115 g de Lacasitos® (más unos pocos para decorar)
- 100 g de chips de chocolate blanco
- 100 g de chips de mantequilla de cacahuete, o de chocolate negro en su defecto

Me vuelve loca la combinación de chocolate y canela. Creo que si un día me dejaran diseñar un perfume no dudaría ni un minuto en qué dos aromas usar.

Brownie de chocolate y canela

Precalentamos el horno a 180 °C. Preparamos un molde de 27 x 17,5 cm, forrándolo con papel de aluminio y después rociándolo con spray antiadherente.

Tamizamos la canela con la harina y el cacao en polvo. Reservamos. Calentamos el chocolate al baño maría con la mantequilla. Cuando esté derretido, retiramos del fuego. Incorporamos los huevos y el azúcar y batimos muy bien, hasta que la mezcla sea homogénea. Incorporamos poco a poco la mezcla de harina con ayuda de una espátula. Cuando sea homogénea, la echamos en el molde y horneamos unos 25-30 minutos o hasta que al pinchar el centro salga con unas pocas migas.

Para realizar el glaseado, derretimos el chocolate blanco al baño maría. Incorporamos el resto de ingredientes y mezclamos bien. Si la mezcla está muy densa, añadimos más leche. La usamos para decorar el *brownie* una vez que esté templado.

Para el brownie:

- 115 g de mantequilla
- 150 g de azúcar blanco
- 60 g de azúcar moreno
- 3 huevos M
- 120 g de harina
- 140 g de chocolate negro troceado
- 2 cucharadas de cacao en polvo sin azúcar
- 1 cucharada de canela en polvo

Para el glaseado:

- 50 g de chocolate blanco
- 100 g de azúcar superfino
- Una cucharada de leche
- Dos cucharaditas de canela

La combinación de chocolate y menta es todo un clásico en la repostería americana navideña. De hecho, en cuanto empieza la Navidad, los escaparates de las tiendas se llenan de los característicos caramelos rojos y blancos que he usado para decorar este *brownie*. Si no los encuentras, puedes espolvorear azúcar de colores sobre el *brownie* una vez horneado.

Brownie de chocolate con menta

Forramos con papel de aluminio un molde cuadrado de 24 x 24. Lo rociamos con spray antiadherente. Precalentamos el horno a 180 °C.

Tamizamos el cacao con la harina y reservamos. Derretimos la mantequilla en un cazo. Retiramos del fuego, añadimos los azúcares y removemos bien. Incorporamos los huevos y la menta y batimos de nuevo. Incorporamos la mezcla de harina y cacao y removemos hasta que la masa sea homogénea.

Vertemos la masa en el molde y la horneamos durante 25 minutos. Espolvoreamos el caramelo picado por encima. Sacamos del horno y dejamos templar sin desmoldar. Una vez templado, podremos desmoldar el *brownie* y comerlo acompañado de una buena bola de helado de menta y chocolate.

Para el brownie:
- 160 g de mantequilla
- 2 huevos
- 100 g de azúcar blanco
- 150 g de azúcar de caña integral
- 2 cucharaditas de extracto de menta
- 70 g de cacao en polvo sin azúcar
- 120 g de harina
- 200 g de chocolate negro troceado
- Caramelos de menta picados

Para
Navidad

Esta es mi receta favorita para las galletas de Navidad. Está cargadita de especias y me recuerda al invierno que pasé en Alemania.

Adornos de jengibre para el árbol

Batimos la mantequilla con el azúcar hasta que estén integrados y la mezcla sea muy cremosa. Incorporamos el huevo y la melaza y batimos de nuevo. Tamizamos la harina con el bicarbonato y las especias y la añadimos al bol de la mantequilla, batiendo a velocidad mínima. Hacemos una bola y refrigeramos 25 minutos. Estiramos la masa entre dos papeles de horno, hasta lograr un grosor uniforme. A continuación, la cortamos usando los cortadores.

Una vez cortadas las galletas, las trasladamos a la bandeja de horno. Con ayuda de una pajita de refresco, cortaremos los agujeros para después meter los lazos. Las refrigeraremos durante media hora. A continuación las hornearemos 10-12 minutos a 180 °C, o hasta que los bordes comiencen a dorarse.

Preparamos la glasa siguiendo la receta de la página 15 pero usando la mitad de los ingredientes (si no, nos sobrará muchísima glasa). Usando la boquilla 1 de Wilton hacemos diferentes decoraciones en las galletas, no hace falta complicarse mucho, unas líneas curvas y unos corazoncitos serán suficientes. Una vez seca la glasa, pasamos un lazo por el agujero que habíamos hecho en la parte superior de las galletas y las colgamos de nuestro árbol.

Ingredientes para unas 16 galletas:

- 100 g de mantequilla a temperatura ambiente
- 100 g de azúcar moreno
- 1 huevo M
- 130 g de melaza
- 350 g de harina
- 1/2 cucharadita de bicarbonato sódico
- 1 y 1/2 cucharaditas de canela en polvo
- 2 y 1/2 cucharaditas de jengibre en polvo
- Una pizca de nuez moscada
- Media porción de glasa (ver página 15)

Ibán Yarza me descubrió el cardamomo en uno de sus cursos de pan sueco, y desde entonces busco cualquier excusa para utilizarlo en mis recetas. La combinación con naranja es simplemente celestial.

Coronas de Navidad

Preparamos las galletas siguiendo la receta de la página 22, con cardamomo y ralladura de naranja en lugar de vainilla. Las horneamos hasta que se doren los bordes y dejamos que se enfríen primero en la bandeja y luego sobre la rejilla.

Preparamos la glasa multiplicando todas las cantidades de la receta por 1,5. Separamos la mitad de la glasa, le damos consistencia de delineado y la teñimos de verde oscuro. La introducimos en una manga pastelera con boquilla de estrella pequeña (por ejemplo, 21 o 22). Teñimos la otra mitad de rojo y separamos una buena cucharada que colocamos en una manga pastelera con boquilla nº3. Finalmente, diluimos el resto con un poco de agua hasta lograr la consistencia de relleno. Lo colocamos en un biberón.

Comenzamos delineando el lazo de la corona con la glasa de delineado roja (boquilla 3). Dibujamos también los extremos del lazo que atraviesan el centro de la galleta. Pasados unos 5 minutos, usamos el biberón para rellenar el lazo y sus extremos. Pasados unos 10-15 minutos, usamos la glasa verde para simular las hojas de la corona. Es muy sencillo: colocamos la boquilla perpendicular a la galleta, pegada a ella. Apretamos la manga hasta generar una estrellita. Dejamos de apretar y levantamos la manga para hacer la siguiente. Y así sucesivamente. Dejamos secar la glasa una media hora. Cambiamos la boquilla 3 de la glasa de delineado roja por una boquilla 1. Perfilamos el lazo y hacemos las bolitas de la corona de Navidad.

Ingredientes para unas 20 galletas (según el tamaño del cortador):

- 250 g de mantequilla fría, cortada en trocitos
- 250 g de azúcar blanco
- 1 huevo
- 500 g de harina
- 1'5 cucharaditas de cardamomo en polvo
- 1 cucharadita de ralladura de naranja
- 1,5 porciones de glasa (ver página 15)
- Colorante extra rojo y colorante verde oscuro

Cuando llega el frío no hay nada mejor que comerse unas manoplas... digo ponerse... bueno... ya me entendéis... que probéis a hacerlas... ¡triunfan siempre!

Manoplas de canela

Preparamos las galletas siguiendo la receta de la página 22, sustituyendo el extracto de vainilla por la canela en polvo. Horneamos las galletas hasta que se doren los bordes. Dejamos que se enfríen primero en la bandeja y luego sobre la rejilla.

Preparamos la glasa, multiplicando los ingredientes por 1,5. Añadimos el extracto de canela junto con el agua para lograr una glasa con sabor a canela.

Separamos 3 cucharadas de glasa blanca y las metemos en una manga con boquilla de estrella pequeña (21 o 22). Dividimos el resto en tres partes: una la diluimos para obtener glasa de relleno blanco, que colocamos en un biberón; otro tercio lo teñimos de rojo, y el último, de verde. De ambos colores separamos una cucharada que colocamos en sendas mangas con boquillas del número 3. El resto lo diluimos para lograr glasas de relleno en rojo y verde.

Delineamos la mitad de las galletas de rojo y la otra de verde. No es necesario delinear la parte inferior, en la que van las conchas, solo la superior. Rellenamos siguiendo la técnica de espiga descrita en la página 18. Dejamos secar unos 30 minutos antes de hacer la parte inferior de la galleta usando la técnica de conchas descrita en la página 17. Una vez secas las galletas por completo, podemos decorarlas con pequeñas hojas de acebo hechas de fondant.

Ingredientes para unas 20 galletas (según el tamaño del cortador):

- 250 g de mantequilla fría, cortada en trocitos
- 250 g de azúcar blanco
- 1 huevo
- 500 g de harina
- 2 cucharaditas de canela
- 2 porciones de glasa (ver página 15)
- 1 cucharadita de extracto de canela
- Colorante extra rojo y colorante verde oscuro

Siempre que hago estas galletas me da pena comérmelas. Es que son taaaaaaaaan monas. Ay, qué pena hincarles el diente, pobrecitos míos.

Muñecos de jengibre

Preparamos las galletas siguiendo la receta de la página 22, sustituyendo el extracto de vainilla por el jengibre en polvo. Las horneamos hasta que se doren los bordes y las dejamos enfriar primero en la bandeja y luego sobre la rejilla.

Preparamos la glasa (usando solo la mitad de los ingredientes) y la dividimos en tres. Teñimos una porción de rojo, otra de verde y dejamos el otro tercio blanco. Preparamos dos mangas con boquilla del número 3 en las que metemos el rojo y el verde. Preparamos una manga con boquilla del número 2 en la que metemos el blanco.

Para decorar cada galleta, estiramos el fondant color carne sobre la mesa de trabajo (si se pega, espolvorearemos un poquito de maicena sobre ella para evitarlo). Lo cortamos con el mismo cortador que las galletas. Lo pegamos a la galleta con un poco de sirope de maíz. Hacemos los ojos del muñeco con la parte de atrás de un palillo y la boca con la esteca de media luna. Con la glasa roja y verde hacemos los "caramelos" y con la blanca hacemos las decoraciones en brazos y piernas.

Ingredientes para unas 20 galletas (según el tamaño del cortador):
- 250 g de mantequilla fría, cortada en trocitos
- 250 g de azúcar blanco
- 1 huevo
- 500 g de harina
- 2 cucharaditas de jengibre en polvo
- Sirope de maíz
- 1/2 porción de glasa (ver página 15)
- Colorante extra rojo y colorante verde oscuro
- 250 g de fondant color carne

Uno de los regalos que nunca fallan. Hecho en casa, delicioso y cargadito de amor. ¡Triunfáis sin duda!

Preparado para cookies

Introducir en un bote:

- 65 g de azúcar de caña integral
- 30 g de azúcar blanco
- 1/2 cucharadita de levadura química
- 60 g de harina
- 25 g de cacao en polvo sin azúcar
- 40 g de nueces picadas

Añade una tarjeta con las siguientes instrucciones:

Ingredientes necesarios para realizar estas cookies:

- 75 g de mantequilla a temperatura ambiente
- 1 huevo
- 100 g de chocolate partido en trozos
- ¡Mucho amor!

Bate todos los ingredientes (menos el chocolate) a velocidad mínima. Cuando la masa sea homogénea, incorpora el chocolate en trozos. Refrigera el bol durante 1 hora como mínimo. Pasado ese tiempo, prepara una bandeja de horno con papel vegetal. Toma porciones de masa (aproximadamente dos cucharadas cada vez), haz bolas y ponlas sobre la bandeja bien espaciadas. Aplástalas un poquito. Hornea a 180 ºC unos 12 minutos o hasta que se doren. Deja que las cookies se templen en la bandeja, y luego, que se enfríen por completo sobre una rejilla.

Este es un regalo fantástico para los peques de la casa. ¡En unos minutos tendrán listas unas cookies enormes y llenas de colorines!

Preparado para maxicookies de confeti

Introducir en un bote:
- 50 g de azúcar de caña integral
- 50 g de azúcar blanco
- 1/4 cucharadita de bicarbonato sódico
- 125 g de harina
- 40 g de confeti comestible

Añade una tarjeta con las siguientes instrucciones:

Ingredientes necesarios para realizar estas cookies:
- 150 g de mantequilla pomada
- 1 huevo

Bate todos los ingredientes de la receta. Refrigera la masa durante 1 hora como mínimo.

Pasado ese tiempo, prepara dos bandejas de horno con papel vegetal. Toma porciones de la masa (aproximadamente dos cucharadas cada vez), haz bolas y colócalas sobre la bandeja, bien espaciadas. Aplástalas un poquito con la palma de la mano. Hornéalas a 180 °C unos 12 minutos o hasta que se doren. Déjalas templar en la bandeja y después que se enfríen por completo sobre una rejilla.

¿Qué mejor manera de declarar tu amor que con unas galletas decoradas? Se recomienda ajustar la gama de colores a los gustos del destinatario de las galletas. ¡No se trata de que nadie se atragante por tener que comerse unas galletas de color rosa pastel!

Románticas

Preparamos las galletas siguiendo la receta de la página 22, sustituyendo el extracto de vainilla por el agua de rosas o rosa en pasta. Cortamos diferentes siluetas: corazones, labios, círculos... Horneamos las galletas hasta que se doren los bordes.

Tras el horneado las dejaremos enfriar en la bandeja hasta que estén templadas (si intentáis moverlas en caliente se romperán) y después por completo sobre una rejilla.

Preparamos la glasa multiplicando por dos todas las cantidades y añadiendo el agua de rosas al agua de la misma. Dividimos la glasa en tres. De cada color tomamos una cucharada, que introducimos en nuestras mangas con boquillas del 3. El resto lo diluimos para crear glasa de relleno, que introducimos en los diferentes biberones. Delineamos y rellenamos las galletas siguiendo las instrucciones de las páginas 16 y 17. Una vez seca la superficie, procedemos a cambiar las boquillas del 3 por las del 1 y hacemos los detalles: delineados, zigzag, textos... Y después, usando boquillas de estrella pequeña (por ejemplo la número 16), hacemos las florecitas (ver página 18). Antes de embolsar dejamos secar por completo.

Ingredientes para unas 20 galletas (según el tamaño del cortador):

- 250 g de mantequilla fría, cortada en trocitos
- 250 g de azúcar blanco
- 1 huevo
- 500 g de harina
- 2 cucharaditas de agua de rosas o rosa en pasta
- Sirope de maíz
- 2 porciones de glasa (ver página 15)
- 2 cucharaditas de agua de rosas
- Colorantes en pasta rosa, azul y violeta

He visto esta idea en tiendas de galletas de Londres y Nueva York y me parece una forma súper divertida de que los peques de la casa se diviertan a la vez que decoran galletas.

Galletas para dibujar

Preparamos las galletas siguiendo la receta de la página 22, sustituyendo el extracto de vainilla por el aroma de princesa o de mantequilla. Cortamos diferentes siluetas. Horneamos las galletas hasta que se doren los bordes.

Tras el horneado las dejaremos enfriar en la bandeja hasta que estén templadas (si intentáis moverlas en caliente se romperán) y después por completo sobre una rejilla.

Preparamos la glasa. Tomamos un par de cucharadas, que introducimos en una manga con boquilla del 3. El resto lo diluimos para lograr glasa de relleno. Delineamos y rellenamos las galletas en color blanco, siguiendo las instrucciones de las páginas 16 y 17. Una vez están secas por completo (mínimo 8 horas), dejamos a los niños que las decoren con ayuda de los rotuladores comestibles.

Ingredientes para unas 20 galletas (según el tamaño del cortador):

- 250 g de mantequilla fría, cortada en trocitos
- 250 g de azúcar blanco
- 1 huevo
- 500 g de harina
- 2 cucharaditas de aroma de princesa o de mantequilla
- Sirope de maíz
- 1 porción de glasa (ver página 15)
- Rotuladores comestibles

Galletas
sofisticadas

Una idea preciosa para acompañar los cupcakes y la tarta en una mesa dulce de boda de ensueño. Y si no hay boda, pues da igual, porque están buenísimas y seguro que se os ocurre una buena excusa para hornearlas.

Rosas de frambuesa

Preparamos las galletas siguiendo la receta de la página 22. Cortamos círculos del tamaño deseado. Horneamos las galletas hasta que se doren los bordes. Tras el horneado, las dejaremos enfriar en la bandeja hasta que estén templadas (si intentáis moverlas en caliente se romperán) y después por completo sobre una rejilla.

Para preparar la crema, calentamos las claras con el azúcar al baño maría hasta alcanzar una temperatura aproximada de 55 °C (si no tenemos termómetro de azúcar, hasta que este se disuelva por completo). Pasamos las claras al bol de la batidora y batimos hasta que tengamos un merengue brillante y firme (y a temperatura ambiente). En ese momento añadimos la mantequilla, poco a poco y sin dejar de batir. Batimos hasta que la mezcla quede sedosa, homogénea y brillante (si tiene apariencia cortada, seguiremos batiendo y pronto lograremos la textura deseada). Incorporamos la frambuesa en pasta o el aroma y el colorante.

Decoramos las galletas con ayuda de la boquilla 1M o 2D, girando desde el centro hacia fuera en el sentido de las agujas del reloj.

Ingredientes para unas 20-30 galletas (según el tamaño del cortador):

- 250 g de mantequilla fría, cortada en trocitos
- 250 g de azúcar blanco
- 1 huevo
- 500 g de harina
- 2 cucharaditas de vainilla en pasta

Para la crema:

- 4 claras
- 220 g de azúcar
- 350 g de mantequilla a temperatura ambiente
- 3-4 cucharadas de pasta de frambuesa o, en su lugar, aroma de frambuesa al gusto y colorante rosa frambuesa.

¡Estas galletas son la mejor manera de enviar cupcakes por correo sin que se destrocen por el camino! Ya que la crema dificulta mucho su transporte postal, prepararlos en forma de galleta nos ayuda a poder hacerlos llegar hasta nuestros seres queridos más alejados.

Cupcakes de chocolate y nubes

Batimos la mantequilla con el azúcar hasta que estén integrados y la mezcla sea muy cremosa. Incorporamos el huevo, la vainilla y la melaza y batimos de nuevo. Añadimos la harina, el bicarbonato y el cacao, todo tamizado, y batimos a velocidad mínima.

Estiramos la masa entre dos papeles de horno, hasta lograr un grosor uniforme. La refrigeramos durante una hora. A continuación, usamos los cortadores para hacer las galletas. Trasladamos estas a la bandeja de horno y las refrigeramos 20 minutos. Luego las horneamos 10-12 minutos a 180 °C.

Preparamos la glasa multiplicando todos los ingredientes por 1,5 y añadiendo el aroma de nubes al agua. Separamos una cucharada, que teñimos de rojo y colocamos en una manga con boquilla del 3. El resto lo dividimos en dos: dejamos una mitad en blanco y la otra la teñimos de rosa palo. De cada color tomamos una cucharada (que introducimos en nuestras mangas con boquillas del 3). El resto lo diluimos para crear glasa de relleno, que introducimos en los diferentes biberones. Delineamos y rellenamos las galletas siguiendo las instrucciones de las páginas 16 y 17. Una vez seca la superficie, procedemos a cambiar las boquillas del 3 por las del 1 y hacemos los detalles.

Ingredientes para unas 16 galletas:

- 350 g de harina
- 50 g de cacao en polvo sin azúcar
- 1 huevo M
- 100 g de azúcar moreno
- 100 g de mantequilla
- 130 g de melaza
- 1/2 cucharadita de bicarbonato sódico
- 2 cucharaditas de extracto de vainilla
- 1,5 porciones de glasa (ver página 15)
- una cucharadita de aroma de nubes
- colorante rosa palo y rojo en pasta

La combinación de limón y romero dejará toda tu cocina con un aroma delicioso cuando hornees estas galletas. Yo he apostado por unos diseños muy sencillos para mis vestidos, que es lo que más me gusta, pero puedes complicar los adornos tanto como desees. No dudes en añadir perlas, lacitos, purpurina comestible...

Vestidos de novia

Preparamos las galletas siguiendo la receta de la página 22, sustituyendo el extracto de vainilla por la ralladura de limón y el romero fresco picado. Horneamos las galletas hasta que se doren los bordes. Tras el horneado las dejaremos enfriar en la bandeja hasta que estén templadas (si intentáis moverlas en caliente se romperán) y después por completo sobre una rejilla.

Una vez que las galletas están frías, preparamos la glasa multiplicando todos los ingredientes por 1,5. Separamos 2/3, que dejamos de color blanco. El resto lo dividimos por la mitad, y teñimos una parte de rosa y la otra de azul. Cada color en una manga con boquilla del 1 o 2. Guardamos una cucharada del blanco que habíamos reservado en una manga pastelera con boquilla del 3. El resto lo diluimos para preparar glasa de relleno y la ponemos en un biberón.

Para decorar las galletas, primero delineamos el vestido con la glasa blanca (boquilla 3). A continuación, rellenamos con la glasa de relleno blanca. Una vez que se ha secado, realizamos los diferentes detalles (perlitas, zigzag, lazadas...) con las mangas de color rosa y azul. Dejamos secar por completo antes de embolsar.

*Truco: Adapta los colores y el diseño del vestido al diseño y al esquema de colores que vaya a llevar la novia. ¡Las posibilidades son infinitas!

Ingredientes para unas 20 galletas (según el tamaño del cortador):
- 250 g de mantequilla fría, cortada en trocitos
- 250 g de azúcar blanco
- 1 huevo
- 500 g de harina
- 1 cucharadita de ralladura de limón
- 1 cucharadita de romero fresco picado
- 1'5 porciones de glasa (ver página 15)
- Colorante rosa y azul bebé
- Brillo perlado en polvo o gel

Hice la primera versión de estas galletas en 2011 y desde entonces no he parado de crear diferentes presentaciones de la misma. Es una decoración sencilla pero preciosa que hará las delicias de los amantes de estas muñecas.

Muñecas rusas de naranja

Hacemos las galletas siguiendo la receta de la página 22, y sustituimos la vainilla por la ralladura. Horneamos las matrioskas hasta que se doren los bordes. Las dejamos enfriar primero en la bandeja y luego sobre una rejilla.

Estiramos el fondant azul (o granate) con el rodillo (usa maicena para que no se pegue) y ponemos encima la plantilla elegida. Pasamos el rodillo una vez más para asegurarnos de que los huequitos de la plantilla están rellenos de fondant. Sin moverla, usamos colorante comestible dorado en polvo, con ayuda de un pincel seco, para colorear por encima. Con cuidado, retiramos la plantilla. Cortamos el fondant (ya "plantilleado") con el cortador que habíamos usado para la matrioska. Si queremos hacer la cabeza de otro color, cortamos ese trozo de la parte "plantilleada" y la completamos con el otro color (estirando y cortando con ayuda del cortador de galletas). Pegamos ambas partes a la galleta con sirope de maíz. Quitamos la zona de la cabeza con la parte de atrás de una boquilla grande (o un cortador circular del tamaño correspondiente) y la rellenamos con un círculo de color carne del mismo tamaño. Marcamos los ojos con un palillo y la boca con una esteca. Finalmente cortamos el pelo de fondant de color marrón con la parte de atrás de la boquilla. Lo pegamos con un poquito de agua. Podemos marcar los ojos con un rotulador negro comestible.

Ingredientes para unas 15-20 muñecas (según el tamaño del cortador):

- 250 g de mantequilla fría, cortada en trocitos
- 250 g de azúcar blanco
- 1 huevo
- 500 g de harina
- 2 cucharaditas de ralladura de naranja bien picada
- Sirope de maíz
- Fondant azul oscuro, granate, marrón y color piel
- Colorante dorado comestible en polvo
- Plantilla

...yet still stedfast, still unchangeable,

Pillow'd upon my fair love's ripening breast,

To feel for ever its soft fall and swell,

Awake for ever in a sweet unrest,

Still, still to hear her tender-taken breath,

And so live ever--or else swoon to death.

Bright Star, John Keats

Esta técnica es una de las más sencillas para decorar galletas y, sin embargo, quedan espectaculares. En lugar de poemas, puedes usar fotografías, ilustraciones... Si no tienes impresora comestible, no te preocupes, hoy en día hay muchísimas tiendas de repostería que ofrecen este servicio.

Poemas comestibles

Hacemos las galletas siguiendo la receta de la página 22, sustituyendo el extracto por el aroma de vainilla. Cortamos los rectángulos según el tamaño de nuestras impresiones comestibles. Horneamos las galletas hasta que se doren los bordes. Tras el horneado, las dejaremos enfriar en la bandeja hasta que estén templadas (si intentáis moverlas en caliente se romperán) y después por completo sobre una rejilla.

Una vez que las galletas están frías, preparamos la glasa, usando la mitad de las cantidades especificadas en la receta de la página 15, y la introducimos en una manga pastelera con boquilla de estrella pequeña.

Cortamos cada poema a un tamaño ajustado al de la galleta correspondiente. Usando una gotita de glasa en cada esquina de la galleta, lo adherimos a la misma. Después, para ocultar los bordes, hacemos un borde de conchas por los cuatro costados de la galleta.

Ingredientes para unas 20-25 galletas (según el tamaño del cortador):
- 250 g de mantequilla fría, cortada en trocitos
- 250 g de azúcar blanco
- 1 huevo
- 500 g de harina
- hojas de papel comestible impresas con poemas
- 1/2 porción de glasa (ver página 15)
- 2 cucharaditas de aroma de vainilla (opcional)

Siempre he querido tener un biquini rojo con lunares blancos. Ante mi imposibilidad absoluta para encontrarlo, he acabado haciéndolo en forma de galleta. El lazo de la braguita es un homenaje a mi adorada Peggy Porschen, cuyas galletas han sido y son una inspiración constante para mis creaciones.

Biquinis de lima limón

Hacemos las galletas siguiendo la receta de la página 22, sustituyendo la vainilla por la ralladura de lima y limón. Horneamos los biquinis hasta que se doren los bordes. A continuación, los dejamos templar en la bandeja (si intentáis moverlos en caliente, se romperán). Luego los dejamos enfriar por completo sobre una rejilla.

Preparamos la glasa multiplicando todos los ingredientes por 1,5, y la dividimos en dos partes. Una mitad la teñimos de rojo y la otra la dejamos en color blanco. De cada color tomamos una cucharada (que introducimos en nuestras mangas con boquillas del 3). El resto lo diluimos para crear glasa de relleno, que introducimos en los diferentes biberones. Delineamos y rellenamos las galletas, siguiendo las instrucciones de las páginas 16 y 17 para hacer los lunares. Una vez seca la superficie, procedemos a cambiar las boquillas del 3 por las del 1 y hacemos los detalles en rojo y blanco. Para los tirantes usamos la técnica de las "bolitas" (ver página 18).

Ingredientes para unos 20-25 biquinis (según el tamaño del cortador):

- 250 g de mantequilla fría, cortada en trocitos
- 250 g de azúcar blanco
- 1 huevo
- 500 g de harina
- 1 cucharadita de ralladura de limón
- 1 cucharadita de ralladura de lima
- 1'5 porciones de glasa (ver página 15)
- Colorante extra rojo

Ligeras, sanas y afrutadas

La granola casera es uno de mis desayunos favoritos (junto con los cruasanes). Gracias a esta receta aprenderás no solo a hacer granola, sino a preparar las barritas más deliciosas de la historia de las barritas de fruta con frutos secos.

Barritas de frambuesa con granola de nueces y almendras

Prepara un molde de 27 x 17,5 cm, fórralo con papel de aluminio y rocíalo con espray antiadherente. En el bol de la picadora pon la harina con el azúcar, la levadura y la mantequilla. Tritura hasta que parezcan migas de pan. Incorpora el huevo y la vainilla y bate de nuevo hasta que tenga consistencia. Aplasta esta masa en la base del molde, intentando lograr una capa uniforme. Ponla en el frigorífico.

Para preparar la granola, calienta el horno a 150 °C. Derretimos la mantequilla en un cazo a fuego bajo junto con la miel. Lo retiramos del fuego, añadimos el azúcar y el agua, y removemos. Vierte esta mezcla sobre la avena, las almendras y las nueces. Extiéndelo todo en una bandeja y hornea 25 minutos, removiendo cada 5 y hasta que esté dorado. Deja templar y mezcla los ingredientes del relleno en un bol.

Hornea la base a 180 °C durante 20-25 minutos, hasta que los bordes estén dorados. Saca el molde del horno y extiende por encima el relleno, espolvoreando luego una buena cantidad de granola. Hornea otros 25-30 minutos, hasta que la granola se tueste un poco y las frambuesas estén deshechas. Deja enfriar (primero en la bandeja y luego sobre una rejilla) y corta 12 o 16 porciones (depende del hambre que se tenga).

*Truco: La granola sobrante se conserva en un bote de cristal hasta 2 semanas, y se puede comer en el desayuno con yogur, frutas, etcétera.

Ingredientes para 12-16 barritas

Para la base:
- 250 g de harina
- 125 g de azúcar de caña
- 1 y 1/2 cucharaditas de levadura química
- 150 g de mantequilla fría cortada en cubos
- 1 huevo L
- 1 cucharadita de extracto de vainilla

Para el relleno:
- 400 g de frambuesas
- 50 g de azúcar de caña
- 1 cucharada de mantequilla derretida
- Zumo de 3 limones
- 2 cucharadas de harina

Para la granola:
- 2 cucharadas de mantequilla
- 2 cucharadas de miel de flores
- 50 g de azúcar de caña
- 1 cucharada de agua
- 180 g de copos de avena
- 50 g de almendras laminadas
- 100 g de nueces troceadas

Más sanas imposible. Estas sí que te las puedes comer sin remordimientos... bueno... ¡o al menos eso es lo que yo hago!

Avena, manzana y canela

Tamizamos la harina con la canela y el bicarbonato. Añadimos los copos de avena. Reservamos.

Batimos la mantequilla con los dos tipos de azúcar hasta que estén integrados y la mezcla sea muy cremosa. Incorporamos el huevo y batimos de nuevo. Bajamos la velocidad de la batidora e incorporamos los ingredientes secos. Cuando la mezcla sea homogénea, añadimos la manzana. Refrigeramos la masa durante 20 minutos.

Pasado ese tiempo preparamos dos bandejas de horno con papel vegetal. Tomamos porciones de la masa (unas dos cucharadas). Hacemos bolas y las colocamos espaciadas sobre la bandeja, aplastándolas un poquito. Horneamos a 180 °C unos 12 minutos o hasta que se doren por los bordes. Dejamos que se templen en la bandeja, y luego que se enfríen por completo sobre una rejilla.

Para 26 galletas:
- 150 g de harina
- 1 y 1/2 cucharaditas de canela
- 1/2 cucharadita de bicarbonato sódico
- 170 g de mantequilla a temperatura ambiente
- 90 g de azúcar de caña
- 50 g de azúcar blanco
- 1 huevo
- 160 g de copos de avena
- 115 g de manzana deshidratada, picada

Si no te gusta el sabor de las barritas energéticas que encuentras en el supermercado o estás harto de tomar barritas de muesli a media mañana, esta es la solución. A mí me vuelven loca y son una fuente de energía sana y natural.

Barritas energéticas caseras

Colocamos todos los ingredientes en el bol de la picadora.

Trituramos todo hasta que la masa sea compacta y se separe de los bordes (tarda entre 2 y 5 minutos, según la potencia de la picadora). Si vemos que la mezcla no se compacta, podemos añadir un par de dátiles más, que sin duda ayudarán a compactarla.

Estiramos la masa resultante entre dos papeles de horno y refrigeramos una hora o hasta que esté firme. Cortamos con cuchillo o cortadores de galletas. Apilamos las barritas entre papeles de horno para que no se peguen y las conservamos en la nevera.

*Nota: prueba a sustituir los orejones por arándanos rojos, a añadir almendras o avellanas en lugar de las nueces, a bañar las barritas en chocolate... ¡La imaginación es el límite!

Ingredientes para 15 barritas (depende del tamaño al que se corten):
- 60 g de higos secos
- 70 g de orejones
- 60 g de ciruelas pasas sin hueso
- 160 g de dátiles deshuesados
- 115 g de nueces sin cáscara

¡Estas bolitas se preparan en pocos minutos y son una bomba de energía! Con todo lo que entreno (y la cantidad de horas que paso de pie horneando), me vienen genial cuando me da el bajón. Simplemente las saco de la nevera y... ¡ñaaaaaam!

Bolitas energéticas de chocolate y chía

Pelamos y troceamos los dátiles y los ponemos en el bol de la picadora. Trituramos hasta que se conviertan en una masa homogénea. Incorporamos las semillas de chía y trituramos de nuevo para que se integren. Finalmente añadimos el chocolate, picado en trozos, y trituramos de nuevo. Cuando la masa sea homogénea, hacemos bolitas. Refrigeramos.

*Nota: yo uso chocolate negro del 100% que me aporta una inyección de energía, pero si no estás acostumbrado a usarlo, empieza por usar del 70%, ya que el sabor del chocolate puro 100% no gusta a todo el mundo.

Para 10 bolitas:
- 20 dátiles
- 16 g de semillas de chía
- 40 g de chocolate negro del 70% de cacao

Estas galletas son perfectas para ese día en que queremos tomar algo dulce sin sentirnos muy culpables. La masa es integral, a base de avena, y se combina con chips de chocolate blanco y un poquito de dulce de leche, que hace que se nos quite el antojo de dulce sin por ello tener que a continuación hacer 20 abdominales por galleta consumida.

Integrales de avena, chocolate blanco y dulce de leche

Tamizamos la harina con el bicarbonato. Añadimos los copos de avena. Reservamos. Batimos la mantequilla con los dos tipos de azúcar hasta que estén integrados y la mezcla sea muy cremosa. Incorporamos el huevo y batimos de nuevo. Bajamos la velocidad de la batidora e incorporamos los ingredientes secos. Cuando la mezcla sea homogénea, añadimos los chips de chocolate blanco. Refrigeramos la masa durante 20 minutos.

Pasado ese tiempo, preparamos dos bandejas de horno con papel de horno. Tomamos porciones de la masa (unas dos cucharadas). Hacemos bolas y las colocamos espaciadas sobre la bandeja, aplastándolas un poquito.

Horneamos a 180 °C unos 12 minutos o hasta que las galletas se doren por los bordes. Las dejamos templar en la bandeja, y después, que se enfríen por completo sobre una rejilla. Decoramos con dulce de leche.

Para 26 galletas:

- 150 g de harina integral
- 1 cucharadita de extracto de vainilla
- 1/2 cucharadita de bicarbonato sódico
- 170 g de mantequilla a temperatura ambiente
- 90 g de azúcar de caña
- 50 g de azúcar blanco
- 1 huevo
- 160 g de copos de avena
- 115 g de chips de chocolate blanco
- Dulce de leche

Sabrosas como una tartaleta pero mucho más fáciles y rápidas de hacer, estas galletas te harán quedar de lujo con tus invitados. Y si hay peques entre los mismos, prueba a decorarlas con Lacasitos® o chuches en lugar de frutos rojos... ¡no sobrará ni una!

Chocolate y frutos rojos

En primer lugar, preparamos la *ganache:* ponemos el chocolate en un bol resistente al calor. En un cazo, calentamos la nata hasta que empiece a hervir. La echamos sobre el chocolate y removemos bien hasta que el chocolate esté totalmente derretido. Incorporamos la mantequilla y el licor y removemos bien. Dejamos reposar hasta que espese y tenga una textura untuosa.

Mientras tanto, preparamos la masa quebrada de chocolate: batimos el huevo con el agua y lo dejamos en la nevera. En el bol de la batidora mezclamos la harina, con el cacao, el azúcar y la mantequilla. Batimos a velocidad baja hasta que la mezcla parezca pan rallado. Incorporamos el huevo con el agua y batimos lo justo hasta que la masa se compacte. Hacemos una bola, la aplanamos un poco para darle forma de disco y cubrimos con papel film. Refrigeramos unos 20 minutos.

Una vez pasado ese tiempo, la estiramos sobre una superficie enharinada hasta que tenga unos 2 o 3 mm de grosor. Cortamos la masa con un cortador redondo. Pinchamos cada galleta con un tenedor y congelamos 15 minutos mientras precalentamos el horno a 180 °C.

Horneamos durante 12-15 minutos o hasta que las bases estén doraditas. Dejamos templar y desmoldamos. Una vez frías, usamos la espátula para cubrir las galletas con la *ganache* y a continuación decoramos con las frutas del bosque.

Para unas 40 galletas, según el tamaño del cortador

Masa quebrada de chocolate:
- 165 g de harina
- 35 g de cacao en polvo sin azúcar
- 100 g de mantequilla fría, cortada en cubitos
- 35 g de azúcar glas
- 1 huevo M
- una cucharada de agua bien fría

Para la ganache:
- 250 g de chocolate negro bien troceado
- 250 ml de nata de montar
- 35 g de mantequilla sin sal, troceada
- 1 cucharada de kirsch

Para decorar:
- Frutos rojos

Para todos los públicos

Nadie se creerá que son veganas. ¡Una de mis recetas favoritas del libro! ¿Qué puede ser mejor que comer galletas sabiendo que estás en paz con el mundo animal?

Cookies veganas

Precalentamos el horno a 180 °C y preparamos dos bandejas con papel de horno.

Tamizamos la harina con la maicena y la levadura. En un bol, batimos el aceite con los dos tipos de azúcar. Incorporamos la leche y batimos bien, hasta que la mezcla sea homogénea. Añadimos la vainilla. Incorporamos la mitad de la harina, poco a poco. Incorporamos los chips. Amasamos con ayuda de las manos hasta lograr una masa homogénea.

Cogemos porciones de masa (aproximadamente, dos cucharadas) y les damos forma de bola. Las colocamos sobre las bandejas de horno, espaciadas. Las aplastamos bastante con la palma de la mano (estas galletas prácticamente no se expanden). Horneamos durante 8-9 minutos, o hasta que los bordes empiecen a estar ligeramente dorados. Dejamos enfriar en la bandeja y luego transferimos a una rejilla.

Ingredientes para 18 galletas:
- 160 ml de aceite suave de oliva
- 75 g de azúcar de caña integral
- 60 g de azúcar blanco
- 1 cucharada de maicena
- 250 g de harina
- 1 cucharadita de levadura
- 60 ml de leche de soja o avena
- 80 g de chips de chocolate
- 80 g de chocolate cortado en trozos pequeños
- Extracto de vainilla

Son súper sanas y no tienen huevo, ni leche, ni mantequilla. ¿Lo mejor? Que nadie podría diferenciarlas de unas cookies tradicionales de avena y arándanos rojos. Están de vicio...

Cookies veganas de avena y arándanos rojos

Precalentamos el horno a 180 °C y preparamos dos bandejas con papel de horno.

Batimos el aceite con el sirope de agave, los azúcares y la leche. Incorporamos la harina, tamizada con el bicarbonato y la maicena y mezclamos bien. Añadimos los arándanos y los copos de avena. Amasamos con ayuda de las manos hasta lograr una masa homogénea.

Cogemos porciones de masa (aproximadamente dos cucharadas) y les damos forma de bola. Las colocamos sobre las bandejas de horno, espaciadas. Las aplastamos bastante con la palma de la mano (estas galletas prácticamente no se expanden). Horneamos durante 8-9 minutos, o hasta que los bordes empiecen a estar ligeramente dorados. Dejamos enfriar en la bandeja y luego transferimos a una rejilla.

Ingredientes para 15 galletas:
- 80 ml de aceite suave de oliva
- 70 g de azúcar
- 60 g de azúcar de caña integral
- 3 cucharadas de leche de avena
- 1 cucharada de sirope de agave
- 1 cucharada de semillas de lino molidas
- 1 cucharada de maicena
- 1/4 cucharadita de bicarbonato sódico
- 150 g de harina integral
- 70 g de copos de avena
- 80 g de arándanos rojos desecados

¿Quién dijo que las galletas sin azúcar son aburridas? Esta es la prueba de que las cookies de chocolate también pueden ser para todos los públicos.

Cookies de chocolate y nueces sin azúcar

Tamizamos las harinas con el bicarbonato. En un bol, batimos el aceite de oliva con el sirope de agave. Incorporamos las semillas de lino y batimos bien. Añadimos las harinas y batimos hasta lograr una masa homogénea. Agregamos el chocolate troceado y las nueces.

Cogemos porciones de masa (aproximadamente dos cucharadas) y les damos forma de bola. Las colocamos sobre las bandejas de horno, espaciadas. Las aplastamos bastante con la palma de la mano (estas galletas prácticamente no se expanden). Horneamos durante 8-9 minutos, o hasta que los bordes empiecen a estar ligeramente dorados. Dejamos enfriar en la bandeja y luego transferimos a una rejilla.

Ingredientes para 20 galletas:
- 160 ml sirope de agave
- 160 ml de aceite de oliva suave
- 1 cucharada de semillas de lino molidas
- 220 g de harina
- 80 g de harina integral
- 3/4 de bicarbonato sódico
- 90 g de chocolate sin azúcar troceado
- 40 g de nueces

Estas galletas son muy versátiles: igual que yo he usado frambuesas deshidratadas, podéis usar otras frutas deshidratadas en su lugar o frutos secos. De esta forma, la variedad de galletas sin azúcar que podréis lograr será infinita.

Chocolate y frambuesa sin azúcar

Tamizamos las harinas con el cacao y el bicarbonato. En un bol, batimos el aceite de oliva con el sirope de agave y la leche de avena. Incorporamos las semillas de lino y batimos bien. Añadimos las harinas y batimos hasta lograr una masa homogénea. Agregamos los chips de chocolate y las frambuesas deshidratadas.

Cogemos porciones de masa (aproximadamente dos cucharadas) y les damos forma de bola. Las colocamos sobre las bandejas de horno, espaciadas. Las aplastamos bastante con la palma de la mano (estas galletas prácticamente no se expanden). Horneamos durante 8-9 minutos, o hasta que los bordes empiecen a estar ligeramente dorados. Dejamos enfriar en la bandeja y luego transferimos a una rejilla.

Ingredientes para 20 galletas:
- 60 ml de leche de avena
- 160 ml de aceite suave de oliva
- 180 ml de sirope de agave
- 150 g de harina
- 150 g de harina integral
- 60 g de cacao en polvo sin azúcar
- 1 cucharada de semillas de lino molidas
- 1 cucharadita de bicarbonato sódico
- Un puñado de frambuesas deshidratadas o liofilizadas
- 80 g de chips de chocolate sin azúcar o chocolate sin azúcar finamente picado

A quien le digas que se pueden hacer galletas sin harina no se lo va a creer. Pues es verdad. Perfectas para amantes de la mantequilla de cacahuete. Yo he dejado de hornearlas porque me comía las 22 en una tarde. Lo sé... tengo un problema con la mantequilla de cacahuete.

Mantequilla de cacahuete sin gluten

En un bol, batimos la mantequilla de cacahuete con los azúcares. Cuando la mezcla sea homogénea, incorporamos el huevo. Batimos de nuevo. Añadimos los dos tipos de chocolate, troceados.

Refrigeramos la masa durante, al menos, 2 horas. Pasado ese tiempo, tomamos porciones de la masa (unas dos cucharadas). Hacemos bolas y las colocamos espaciadas sobre la bandeja, aplastándolas un poquito. Refrigeramos otros 15 minutos, mientras precalentamos el horno a 180 °C.

Horneamos unos 10 minutos a 180 °C, o hasta que los bordes estén dorados. Las galletas seguirán blandas al tacto. Las dejamos templar en la bandeja y después que se enfríen por completo sobre una rejilla.

*Truco: Puedes sustituir el chocolate negro o blanco por otros ingredientes sin gluten que te gusten, como frutos secos, por ejemplo. O, incluso, hornearlas solas, sin chocolate. ¡Son una delicia!

Ingredientes para 22 galletas:
- 130 g de azúcar de caña
- 65 g de azúcar blanco
- 275 g de mantequilla de cacahuete
- 1 huevo
- 100 g de chocolate negro
- 75 g de chocolate blanco

Haciendo pruebas para unas pavlovas individuales de chocolate acabé logrando unas galletas de merengue para chuparse los dedos. Si es que a veces las mejores cosas surgen por error.

Merengue de dos chocolates sin gluten

Precalentamos el horno a 180 °C.

Derretimos el chocolate blanco y el chocolate negro al baño maría. Dejamos templar. En un bol, batimos a punto de nieve las claras. Poco a poco, vamos incorporando el azúcar. Cuando se formen picos blandos, dejamos de batir. Con ayuda de una espátula, incorporamos el chocolate derretido y las nueces, con cuidado de no bajar las claras.

Echamos porciones de masa en la bandeja (yo uso la cuchara de helado de 39 mm de diámetro, que tiene una capacidad de 2 cucharadas). Horneamos durante 10 minutos. Dejamos templar sobre la bandeja y después trasladamos a una rejilla.

Para 24 galletas:
- 3 claras de huevo
- 75 g de azúcar blanco
- 165 g de chocolate negro
- 105 g de chocolate blanco
- 100 g de nueces, peladas y picadas

La mayor parte de las recetas de *brownies* veganos que se encuentran en Internet contienen alubias negras entre sus ingredientes. Como podéis imaginar, esta sola mención a los comensales puede acabar en un "no, si yo no tengo ya hambre" generalizado. Para evitarlo yo he intentado hacer una receta de *brownie* vegano apetitosa y sin legumbres.

Brownie vegano

Precalentamos el horno a 180 °C. Rociamos nuestro molde de silicona para mini *brownies* con spray antiadherente (opcionalmente, podemos usar un molde de silicona para cupcakes o un molde rígido cuadrado y cortar luego en porciones).

Tamizamos la harina con el cacao, el cardamomo y la levadura, reservamos. Mezclamos las semillas de lino con el agua. Reservamos. Derretimos en un cazo la margarina. Retiramos del fuego y añadimos el azúcar y el agave. Mezclamos bien. Incorporamos las semillas de lino y removemos de nuevo. Añadimos la harina. Mezclamos hasta tener una masa homogénea. Incorporamos la mitad de las nueces, troceadas.

Rellenamos el molde hasta 2/3 de su capacidad. Colocamos unas cuantas nueces sobre cada uno. Horneamos unos 22-25 minutos: en cuanto un palillo introducido en el centro salga limpio, sacamos del horno, o quedarán muy secos. Dejamos templar en el molde antes de desmoldar. Derretimos el chocolate al baño maría, regamos con él los *brownies* aún templados y los servimos acompañados de una bola de helado de vainilla vegano.

Para 9 minibrownies:

- 150 g de margarina de soja
- 170 g de azúcar de caña
- 2 cucharadas de sirope de agave
- 2 cucharadas de semillas de lino molidas
- 90 ml de agua
- 1 cucharadita de levadura química
- 1 cucharadita de cardamomo molido
- 50 g de cacao en polvo sin azúcar
- 120 g de harina integral
- Un puñado de nueces
- 100 g de chocolate negro

Agradecimientos

A mis padres, por estar siempre ahí. Gracias por entender y apoyar todas y cada una de mis locuras, tanto reposteras como maratonianas. Sin vosotros no sería nada. Os quiero. Sois los mejores padres del mundo.

A Alberto, por haber soportado con una sonrisa que llevara unas orejas de Minnie Mouse durante casi 48 horas. Por eso y por todo lo demás, gracias.

A Pinky, Golfo y Nicolás, mis queridos compañeros felinos, por vuestra compañía incesante en la escritura de este libro. Especialmente a Pinky, por su afición a ponerse delante del ordenador persiguiendo el ratón. Quizá habría tardado menos en escribir el libro sin ti tapando la pantalla, pero no hubiera sido lo mismo. ¡Os quiero, gatitos!

A Ariadna, mi querida rubia, por todo. Te he echado MUCHÍSIMO de menos durante los meses que has estado cojita.

A Gemma, por no perder nunca las energías ni la paciencia, pese a que sé que a veces te dan ganas de tirarle al mensajero todos los paquetes a la cabeza. Y también gracias a Marcos, Aitana e Izan por vuestro cariño, y por decir siempre que lo que os horneo está bueno... ¡me tenéis mimada!

A Angélica; sinceramente, no hay espacio en estas páginas para agradecerte todo lo que tengo que agradecerte. Simplemente, gracias.

A Iván, por nuestros momentos "jaaaaaaaaaaaaaaaaaaaaa" corriendo por los Pirineos. A ellos me remito cada vez que me estreso y se me pasa en un pispás. ¡Jaaaaaaaaaaaaaaaaaaa!

A Josetxu y Tamar, por seguir aceptando mis dulces. ¡Prometo buscar más víctimas para que no os toque siempre a vosotros probar mis experimentos!

A Lourdes, Chucha y Feli, por estar siempre pendientes de todo lo que me pasa y por haber llegado a aceptar que tenéis una sobrina loca.

A Visi, ¡gracias, abuela, por todo!

Al resto de mi familia, por haber comprendido que el dulce es lo que me hace feliz y apoyarme.

A Carol, eres la dulzura personificada. Es pasar tres minutos contigo y ya empiezo a ver el día con mejores ojos. A Álvaro, por ser mi mayor crítico, gracias a ti sé en qué mejorar y eso lo valoro muchísimo. A Mari y Manolo, por quererme pese a que solo como vegetales. Ja,ja.

A Juanma, Blas, José, Cruz, Marce, Antonio, Alba, Silvia, Belén, Miguel, Simón, Javi, Juan y todo el resto del equipo de *Cupcake Maniacs*: gracias por haber convertido las miles de horas de rodaje en una experiencia única y haberme hecho sentir siempre como una princesa. ¡Con vosotros la vida sabe mejor!

Gracias también a la gente de Azucarera por brindarme la oportunidad de participar en el maravilloso proyecto de *Cupcake Maniacs,* y a la gente de Weber por su paciencia con mis retrasos en los emails, en especial a Itxaso, José Luis, Jorge y Alex.

A Pilar, por llamarme "peque" y por entender y compartir mi obsesión por Victoria's Secret. ¡Algún día tenemos que ir juntas de compras!

A Diana, Maite, Patricia y el resto del equipo de El País-Aguilar por confiar una vez más en mí. Gracias por estos ya más de dos años como autora vuestra, es un honor y una fuente de alegrías constante.

A mis compañeras de cónclave reposteril, Marta, Ana y Pilar, por las risas, las cervezas y las sesiones de whatsapp. ¡Tenemos que seguir cuadrando las agendas!

A todas las alumnas y alumnos de Alma's Cupcakes. Sois lo más. Gracias por hacer que ir a trabajar sea una experiencia maravillosa. En cada taller lo paso ¡taaaaaaaan bien! Mil besos en especial a Cristina Bastida, te deseo lo mejor con ¡Teaspoon!

A toda la gente que me sigue por Facebook y Twitter, por estar siempre ahí. Gracias. Una mención especial merece Mar Montosa por su apoyo constante. ¡Nos vemos en la próxima firma!

A los Drinking Runners, por haber cambiado mi vida. Conoceros ha marcado un antes y un después. Gracias en especial al *hamado* líder, Pablo, y a Alberto Barrantes por vuestro cariño y por soportar todo mi cuquismo.

A tod@s l@s que comprasteis, regalasteis, recomendasteis mis libros anteriores. Gracias un millón por haber confiado en mí una vez más. Espero que esta tercera entrega sea lo que esperáis y que la disfrutéis un montón.

A tod@s l@s que habéis asistido a una de mis firmas de libros. Cada una de ellas ha sido especial y tiene un sitio en mi corazón. ¡Me emociona pensar que gracias a este libro podré estar con vosotr@s de nuevo!

A todas las personas que me seguís en el blog o me veis por la tele y que me escribís emails, mensajes, tweets... Gracias por vuestro apoyo y vuestro cariño. Gracias de verdad. Gracias mil. Gracias a porrón. Os lo debo todo. ¡Gracias, gracias, gracias!

Fin